事例から学ぶ
潜水事故対策
～潜水事故を防ぐために～

竹内 久美 著

東京法令出版

はじめに

　海洋レジャー人口の増加、河川や湖沼への観光客の進出に伴い、毎年、全国各地で数多くの水難事故が発生している。これに加え、車の転落事故や入水など、多種多様な水難現場の出動要請が警察や消防に寄せられる。そのような現場で被災者が水没して行方不明となった場合、最も期待され、多大な成果を上げているのが、潜水による捜索・収容（回収）作業である。

　現在、国内でそのような目的（水難救助を含む。）に応じて潜水活動を実施している公的機関は、海上保安庁（以下「海保」という。）や消防（局・本部等）の一部、それに全国各地の警察本部の配下にある機動隊で、その中の潜水隊員として指名された者のみが潜水に従事している。その消防や機動隊などの潜水隊員（以下「スクーバ隊員」という。）及び海保の潜水士（海保の場合は潜水士という。）は、潜水活動専属ではなく、他の業務を兼務しているのが現状である。

　時折、テレビのニュース報道などを通して、海保の潜水士が危険を顧みず荒海の中から被災者を救助するような場面が映し出されることがあるが、同様のことを機動隊や消防のスクーバ隊員に求めても、なかなかその要望に応えられないのが現状である。
　海保の潜水士の並外れた潜水能力並びに水難救助技術は、日頃の訓練によって培われたものであり、正に訓練の賜物にほかならない。もし、消防や機動隊のスクーバ隊員が日頃から十分な潜水訓練を実施できるようであれば、海保の潜水士と遜色のない潜水活動ができることは疑う余地もない。
　要するに、潜水活動における技術の差は、訓練時間や訓練内容の差によってもたらされるといっても過言ではない。

　一方、潜水は水中で高圧といった特殊な環境の下で行われるため、陸上の作業に比べて極めて困難かつ危険を伴う作業であることも忘れてはならない。
　たとえば、水中では、わずか数十秒間でさえ空気の供給が断たれた場合は、窒息（溺死）するおそれがある。そればかりか、何らかのトラブルで、「思いどおりに呼吸ができない」、「つかまる場所や休息する場所がない」、「背が立たない」などといった状況に陥ると、たちまちパニック状態となり、それが原因で重大事故を引き起こす可能性がある。
　また、水面で数十分間漂い続けただけでも波酔いにかかることがあり、それが長く続くと無気力状態となって溺れてしまうことさえある。

このようなことは、潜水を行う際に絶えず付きまとう危険であるといえる。さらに、水難事案の発生する現場の多くは、環境条件（濁り、流れ、低水温等）が極めて悪いことがいわば当たり前のことであるため、スクーバ隊員たちは絶えず二次災害の危険にさらされながら潜水活動を行っているわけであるが、それさえ理解されないことが多い。

　その背景には、マスメディアの影響が根強く存在していることがうかがえる。すなわち、潜水経験のない人々の間には、「潜水＝レジャー」といった認識をもつ者が多く存在し、時折、テレビの画面に映し出される美しい海で楽しげに潜水をしているダイバーの光景のみが視聴者の脳裏に焼き付いているからである。そのため、「ボンベさえあれば誰でも簡単に潜れるもの」、「女性たちでも容易に潜ることができるのだから、体力のある隊員たちに潜れないわけはない」といった印象をもたれている場合が少なくないからである。

　ところが、水難現場で行う潜水は、レジャーで行う潜水と外見こそ同じであっても、その内容は全く異質なのである。それは、レジャーで行う潜水は、自身の都合で時間や場所を選択でき、しかも、その必須条件となるのは、「透明度の高さ」である。これに対し、スクーバ隊員の行う潜水活動には、そのような選択肢は全く存在しない。水難事故や入水は、「いつ、いかなる場所」で発生するかは予測できないのである。特に、透明度の低い場所で捜索活動を行うことは、想像以上の緊張感やストレスを伴うため、水中でのわずかなトラブルでさえ、パニックを誘発して重大事故を引き起こす可能性を秘めている。

　また、過去に何名かのスクーバ隊員が訓練中や捜索中に殉職するといった痛ましい事故が発生していることも見逃せない。その多くは、「溺死」によるものであるが、これは、いかに頑強で卓越した身体能力を有するスクーバ隊員であっても、水中ではわずか数分でも呼吸が途絶えたならば死に直結するということを如実に表しているといえる。このことからも、潜水活動の危険性が再認識されるべきである。

　一方、重大事故に至らないまでも、訓練や現場で潜水活動に関するトラブルは多くの機関で発生していると思われるが、その実態を把握することは極めて困難である。それは、そのような情報が外部に漏れてこないからである。そのために、その後も他の機関で同様のトラブルが繰り返し起こっているのが事実である。
　もし、過去に発生したトラブルの状況や、その原因究明に関する情報が全国のスクーバ隊員の間で共有できていれば、現場での潜水活動や訓練時に発生することが予測される事故を未然に防止できるに違いない。
　そこで、本書の第6章には、各機関で発生した「ヒヤリ・ハット集」を掲載し、注意の

喚起を促すようにした。これらの情報は、著者の「各機関で発生した潜水中のトラブルは、その後も他の機関で発生する可能性があるので、その情報は多くの隊員たちで共有すべきである」という声掛けに賛同していただいた方々から寄せられた貴重な資料や、自身の体験に基づくものである。

　当該資料が水難救助活動に関わる隊員はもとより、現場で指揮官となるべき人やその関係者たちに周知され、今後の事故防止の一助として活用されることを願う次第である。

　なお、本書を作成するにあたって、水難事案が発生した場合の被災者の呼び方に関しては、「不明者」と呼ぶようにし、一部、引用した資料に記載された「死体」という文言はそのまま使用するようにした。

　本件に関して、消防ではいかなる場合でも「要救助者（要救者）」と呼び、警察では生存の可能性がある場合のみ「要救者」と呼ぶものの、生存する可能性が極めて低い場合は「行方不明者（不明者）」と呼ぶようである。しかしながら、水難事案においては、水没した不明者が数時間経って救助されたとしても、生存している可能性は皆無であるため、本来ならば、そのような場合は死体（又は遺体）として取り扱われるのであろうと考えるが、最終的な生死の判断は医師によって行われる。そのため、それまでは死体又は遺体という文言は使用すべきではないという判断に基づき、「不明者」という表現をした。

　また、スクーバ隊員たちが潜水をして行う救助、捜索、回収（収容）の一連の作業については「潜水活動」と表示した。

　本書の作成にあたっては、機動隊や消防のスクーバ隊の方々から多くの資料やご意見を提供していただいた。この場をお借りし、改めてお礼を申し上げる次第である。

　　　平成28年６月

　　　　　　　　　　　　　　　　　　　　　　　　　　　　　　　　竹内　久美

目　次

第1章　潜水活動の概要……………………………………………………………… 1
- 第1　潜水活動の現状 ………………………………………………………………… 1
- 第2　潜水活動における二次災害の防止 ………………………………………… 2
- 第3　潜水活動における問題点 …………………………………………………… 3
- 第4　潜水活動に向けて …………………………………………………………… 6

第2章　潜水活動における留意点 …………………………………………………… 16
- 第1　潜水活動の特殊性と危険性 ………………………………………………… 16
- 第2　スクーバ潜水におけるルールの遵守 ……………………………………… 16
- 第3　その他 ………………………………………………………………………… 24

第3章　特殊環境下における潜水活動 …………………………………………… 26
- 第1　危険を伴う水域 ……………………………………………………………… 26
- 第2　その他の環境条件 …………………………………………………………… 37

第4章　潜水訓練時の留意点 ……………………………………………………… 41
- 第1　潜水訓練に潜む危険 ………………………………………………………… 42
- 第2　訓練のポイント ……………………………………………………………… 45

第5章　潜水事故とそれに関する考察 …………………………………………… 50
- 第1　事故の発生状況 ……………………………………………………………… 50
- 第2　事故やトラブルの原因 ……………………………………………………… 52
- 第3　事故やトラブルから溺死に至る原因と経緯 ……………………………… 55
- 第4　事故事例に基づく考察 ……………………………………………………… 62

第6章　ヒヤリ・ハットの事例とそれに対するコメント ………………………… 70
- 第1　プールにおける訓練時のトラブル ………………………………………… 71
- 第2　海域における訓練時のトラブル …………………………………………… 86
- 第3　湖沼における訓練時のトラブル …………………………………………… 98
- 第4　河川における捜索時のトラブル …………………………………………… 99
- 第5　海域における捜索時のトラブル …………………………………………… 105

目　次

　　第6　その他の水域における捜索時のトラブル……………………………………112
　　第7　その他（訓練、捜索以外）のトラブル………………………………………119

第7章　捜索と回収（収容）……………………………………………………………122
　　第1　事前準備及び現場での作業……………………………………………………122
　　第2　各種捜索法による潜水活動……………………………………………………127
　　第3　回収（収容）作業………………………………………………………………140

第8章　潜水活動における有用な用具や機器…………………………………………148
　　第1　安全を向上させるためのもの…………………………………………………148
　　第2　作業効率を向上させるためのもの……………………………………………151
　　第3　その他……………………………………………………………………………159

第9章　溺死と水中死体…………………………………………………………………163
　　第1　溺死の種類………………………………………………………………………163
　　第2　潜水事故と溺死…………………………………………………………………164
　　第3　溺死体……………………………………………………………………………165
　　第4　水中死体…………………………………………………………………………166

第10章　Q＆A……………………………………………………………………………170
　　Q1　潜水研修を行う場合、研修生に潜水士免許が必要ですか？………………170
　　Q2　ウエットスーツを着用し、ウエイトを着けない状態で水没することはありますか？……………………………………………………………………………174
　　Q3　ドライスーツを着用し、ウエイトを着けない状態で水没することはありますか？……………………………………………………………………………174
　　Q4　スーツ類の耐用年数はどのくらいですか？…………………………………175
　　Q5　訓練はどの程度まで厳しくするべきですか？………………………………175
　　Q6　捜索活動においてROVは有効ですか？………………………………………176

　　索　引……………………………………………………………………………………177

第1章

潜水活動の概要

第1　潜水活動の現状

　毎年、全国各地で水難事故（溺れ、車両の転落事故）や入水などが数多く発生しているが、それに伴う不明者の捜索や救助、それに遺体の収容作業を手掛けているのは、主に消防、警察及び海上保安庁（以下「海保」という。）の隊員たちである。

　初動としては、陸上や船舶及びヘリコプターなどによる水上からの捜索が行われるが、当該捜索において不明者を発見できない場合や、水没したことが明らかなときは、多くの場合、潜水による捜索が行われる。

　平成28年3月現在、上記の機関で潜水活動を実施しているのは、一部の消防の水難救助隊員と全国47都道府県の警察本部傘下の機動隊、それに全国11管区内の海保に所属する潜水士である。

　彼らは共に潜水士の資格を持つ隊員であるが、その呼称については各機関により異なるため、本書ではそれを簡明化するために、前記の潜水活動を実施する部隊をスクーバ隊、それに関わる隊員たちをスクーバ隊員と称す。スクーバ隊の活動の概要は、**表1-1**に示すとおりである。

　この表から、各スクーバ隊が実施する潜水活動の目的や活動範囲は必ずしも一様ではないことが分かる。

　また、**表1-1**の詳細を次に詳しく解説する。

　消防のスクーバ隊が出動する場合は、必ず人が関与する事案であり、しかも通常、潜水する場所は管轄内に存在する水域のみで、管轄外に及んで潜水を行うことはほとんどない。

表1−1　国内におけるスクーバ隊員の活動の概要

	活動目的	活動範囲
消防	人身災害（事故、自殺、自然災害など）における被災者や不明者の救助・捜索及び収容	原則として市町村の各消防の管轄にある水域（海、河川、湖沼、ダムなど）[*1]
警察	人身災害（事故、自殺、自然災害、事件など）における被災者や不明者の救助・捜索及び収容のほか、証拠品の捜索・回収など	原則として管轄内（都道府県内）にある水域（海、河川、湖沼、ダムなど）[*2]。まれに管轄外の水域
海保	人身災害（事故、自殺、自然災害、事件など）における被災者や不明者の救助・捜索及び収容のほか、証拠品の捜索・回収など	原則として管轄内の海域。まれに河川などの水域[*3]。ただし、「海上における捜索及び救助に関する国際条約（SAR条約）」の勧告に基づき締結された周辺国との協定により、東は東経165度、南は北緯17度まで日本の捜索救助区域となっており、この地域も原則として海上保安庁が担当する。

　これに対し、機動隊の場合は、人が関与する事案はもちろんのこと、事件関連の証拠品の捜索といった目的で潜る方がそれよりもはるかに多い。さらに、潜水を実施する範囲に関しては、事件が他県にまたがるような場合（たとえば、自県で発生した犯罪の被疑者が逃亡中に、他県の水域で犯行に使用した凶器や略奪した物品などを投棄した場合）は、事件が発生した管轄の機動隊のスクーバ隊が、他県の水域で潜水活動を行うことになる。そのため、全国の機動隊に在籍するスクーバ隊員は、あらゆる水域での潜水活動に対応しなければならないのである。

　一方、海保の潜水士は、管轄する管区（海域）内で発生する事案に対応しており、その活動内容は、主たる範囲が海である以外、目的等はほぼ機動隊のスクーバ隊と同様である。しかしながら、極めてまれな例として、都道府県知事から災害派遣の要請を受けた場合は、内陸域の河川などで潜水活動を行うこともある。

第2　潜水活動における二次災害の防止

　スクーバ隊の行う潜水捜索（救助）活動は、時間や場所を選べない。特に人命に関わる事案の中で、事故が発生した直後の現場は往々にして殺気立つような雰囲気に見舞われることがある。そのような場合、即座に潜水活動を行わないと、不明者の家族や関係者など

[*1]　他の市町村からの要請がある場合は、その地域に出向くことがある。
[*2]　事案が他県にまたがるような場合は、その地域に出向くことがある。
[*3]　管轄する自治体の知事から災害派遣の依頼を受けた場合は、その地域に出向くことがある。

から罵声を浴びせられることさえあるため、迅速な行動が求められる。しかしながら、そのような事故現場は、往々にして自然環境が劣悪な場合（波高が高い又は流れが速い海域や、増水して流れが速い又は透明度が低い河川など）であることが多く、常に二次災害の危険性をはらんでいるため、潜水活動を実施するか否かの判断は慎重にすべきである。

　万一、当該状況を指揮官が極めて危険な状況であると判断し、隊員たちも同様の認識をもったとしたならば、その時点での潜水活動は避けるべきである。その場合、周囲から罵声を浴びることもあるかもしれないが、そのときは、まず、その人たちに対して誠意をもった態度で接し、潜水活動を実施できない理由について十分説明することが必要である。それでもなお理解が得られない場合には、毅然とした態度をとるべきである。

　指揮官は、常に二次災害を起こさないことを念頭に置き、潜水活動を実施すべきか否かの決断をしなければならない。

第3　潜水活動における問題点

　現場での潜水活動は、安全かつ効率よく行われるべきであるが、現実には次のような問題が提起されることがあり、必ずしもスムーズに行われることばかりではない。

1　指令系統の相違

　水難の出動要請は、そのほとんどが緊急性を要するが、出動要請を受けてから現場到着（現着）するまでの時間には、機関によって大きな差が生じているのが現状である。

　最も早く対応できるのは消防のスクーバ隊であるのに対し、機動隊は到着が最も遅くなるのが常である。そこには、出動要請を受けてから出動するまでの指令系統の相違や所在地の位置関係の問題が存在する。

　各機関が現場からの出動要請を受けてから出動するまでの流れは、おおむね図1−1のようになっている。

　潜水を要する事案の場合、消防のスクーバ隊は、現場から119番の入電を受けた直後に出動することができ、しかも、そのエリアは管轄する市町村内の水域に限定されるために、いち早く現着し、潜水活動に取り掛かることができる。

　これに対して警察の場合は、現場から110番の入電を受けた直後、まず、そこに出向くのは所轄と呼ばれる地元の警察署に在籍する警察官である。そこで、彼らがスクーバ隊の出動が必要だと判断した場合は、本部にスクーバ隊の出動を要請し、本部において必要との判断がなされた時点で、初めて機動隊のスクーバ隊に出動命令が下される。

　したがって、事案発生直後に所轄から本部への要請がない場合や、本部から機動隊への出動命令が下されない場合は、スクーバ隊が現場に出向くことはない。そればかりか、ス

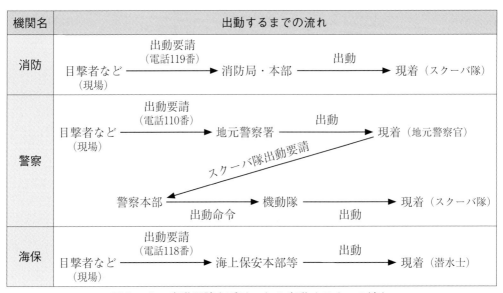

図1-1　出動要請を受けてから出動するまでの流れ

クーバ隊員たちは、管内で水難事案が発生したことさえ知らないことさえあるのである。

時折、消防のスクーバ隊員たちから、「警察のスクーバ隊は現場に来るのが遅い」とか「現場に来ていなかった」などといった、苦情とも皮肉とも思える話を耳にするが、それは大きな誤解であって、機動隊のスクーバ隊員にとっては甚だ迷惑な話である。

前に述べたとおり、機動隊のスクーバ隊が現場に出動するか否かが決定されるまでの経緯が広く周知されていれば、きっと、そのような誤解は解かれるはずである。

また、海保の場合は、現場から118番への救助要請が来た時点で、すぐに出動することが可能であるが、最初に出動する船舶には必ずしも潜水士が乗船しているわけではない。そのような場合は、潜水士が乗船する他の船舶(指定船)の到着を待つか、管区内で所有する救助用ヘリ又は特救隊の所有する救助用ヘリの到着を待ち、潜水活動を開始する。

2　指揮命令下での作業

スクーバ隊員が行う潜水活動は、全て指揮命令下で実施されるため、現場では、指揮官の指示や判断が極めて重要となる。したがって、本来、その役割を担う人材は、潜水に関する知識や技術を熟知しているのはもちろんのこと、現場の状況に応じて的確な判断や指示ができなければならないため、「潜水経験や現場経験が豊かな者」であるべきである。

しかしながら、階級社会であるがゆえに、まれに当該部隊に配属された、潜水経験のない又は乏しい上司が現場の指揮官役に充てられることがある。そのような場合、指揮官は現場での統括的な役割のみを担い、潜水活動に関する計画の立案や捜索・回収方法等については、たとえ部下であっても、潜水経験の豊かな信望のある隊員に委ねるべきである。

3 現場における指揮系統

　水難事故や入水などの人災の現場では、不明者の関係者はもとより、マスコミ関係者や野次馬などで騒然となることが多い。特にマスコミ関係者は、よりよい映像や情報を入手しようとするために、規制線が引かれていない箇所であれば、その間隙を縫ってあらゆる場所に進入することが予測される。そのような行動は、スクーバ隊の作業の妨げになるばかりか、状況によっては不明者の家族たちの心情を逆なでする行動として受け止められることがあるので、指揮官はそのような面でも気遣いをしなければならない。

　したがって、作業現場では、指揮官の判断で速やかに規制線を引き、必要に応じて報道規制をかけるなどの処置をすることが必要である。

　また、捜索範囲、人員配置、作業手順の指定及び報告手順などに関しても、その系統をあらかじめ統一しておかなければ、現場で作業する者たちの混乱を招きかねない。そのため、指揮官は作業を開始するにあたり、あらかじめ指揮命令系統を統一し、その旨を関係者一同に周知しておくべきである。

4 不明者の家族や関係者の存在

　人身事案の場合は、その現場に不明者の家族や関係者が居合わせることが多く、特に事案が発生した直後は、彼らの焦りやいら立ちによる言動により、捜索活動に支障を来すおそれがある。そのため、指揮官又は現場責任者などにより、しっかり規制することが肝要である。

　また、現場に出向いたスクーバ隊員たちは、不明者の家族たちにプロの潜水部隊として認識されるはずであるから、彼らの期待に応えるためにも、そこでは常に迅速かつ統制のとれた行動をすべきである。そうでない場合は、彼らによる思いがけない言動により、後味の悪い潜水活動となりかねないので注意しなければならない。

　なお、不明者を水中から収容する場合は、その光景をなるべく彼らの目にさらさないように工夫することも、思いやり[*1]として考えることが望まれる。

5 訓練時間の不足

　消防の救助隊や機動隊の隊員の中で、専属のスクーバ隊員として在籍する者はほとんど

[*1] 水没した不明者は、その直後に発見・収容されない限り、生存している見込みはほとんどない。それにもかかわらず、家族たちは万が一を信じてスクーバ隊の作業を見守っているのであるが、毛布や収容ネットに包まれて不明者が収容される光景を目にしたときの衝撃は計り知れないものがある。したがって、いかに遺体の収容作業であろうとも、その光景を家族の目にはさらすべきではない。

おらず、多くの隊員が他の陸上の業務と兼務しているのが現状である。そのため、多くの所属では陸上での訓練が優先され、潜水訓練に費やす時間を十分に確保できないという問題が常に生じている。

近年、機動隊内に潜水訓練プールを所有するところが増えてきてはいるが、その一方で、消防でプールを所有しているところは極めてまれである。そのため、プールを所有しない機関では、訓練の場を確保するのが難しい。また、プールを所有する機動隊などでさえ、それが屋外に建設されているような場合は、厳冬期にウエットスーツでの訓練を行うことは極めて困難となる。

以上のことから、訓練の年間計画を立て、それに基づき時間や場所を確保することや、その時々の環境に応じた内容の訓練（厳冬期はドライスーツを着用した訓練）を実施することが望まれる。

第4 潜水活動に向けて

潜水活動は周囲が水で高圧といった特殊な環境の下で行う作業であるため、一般的な陸上の作業とは異なり、溺れや高気圧障害（減圧障害を含む。）といった危険性がある。そのため、このようなトラブルに遭遇することなく、潜水活動を安全に、しかも効率よく行うためには、十分な知識と技量をもって臨まなければならない。同時に、日頃の訓練や綿密な事前準備、それに、現場の状況に応じた指揮官及び隊員の適切な判断の下で作業を遂行することが重要である。

1 平素からの準備

水難事案はいつ発生するか分からないため、事前にその発生を予測することは不可能であるが、平素から次の点に留意した体制を整えておくことが望まれる。

(1) 定期的な訓練の実施

潜水活動に備えた訓練は、短期間に集中し、しかも時間に余裕をもって重複して行うことが極めて効果的である。そして、そこで与えられた課題をクリアできれば、潜水活動を行う上での大きな自信につながっていくことはいうまでもない。しかしながら、その後、十分な訓練時間がもてないような事態に陥ると、せっかく培った技術も衰退し、自信を失うような事態に陥りかねない。

水中という特殊な環境は、とっさに逃げ場（避難場所）を確保することが困難であ

り、しかも隊員同士の意思の疎通を図ることも陸上ほど容易ではない環境なのである。そのため、不安が募るとささいなトラブルでさえ重大事故を引き起こしかねない場であることを、関係者一同に常に周知しておくことが重要である。

潜水活動を安全かつ効率よく実施するためには、日頃から継続的に度重なる訓練を実施することが望まれる。その内容は、単に泳力や捜索活動を想定した訓練のみならず、不測の事態に対処するための訓練や、「索信号」による交信の訓練も取り入れるようにすべきである。

(2) **スクーバ隊員の技量と潜水記録（レジャー潜水を含む。）の把握**

指揮官は、各隊員の訓練の実施状況、技術及び潜水記録などを掌握、管理（できれば個人記録表を作成）しておくことが必要である。その際、日頃からレジャー潜水を行い、潜水になじんでいる隊員が存在する場合は、署内での訓練経験が浅い場合でも、捨てがたい存在となることもある。

これらのことを考慮した上で、隊員を派遣することが望まれるが、決して過度な潜水活動にならないように考慮することも必要である。

(3) **スクーバ隊員の健康管理**

指揮官は、スクーバ隊員の定期健康診断の結果に目を通し、既往歴や現在治療中の疾病の有無などを把握しておく必要がある。また、出動時には、潜水活動に参加させる隊員の健康状態を再確認した上で、当該者に潜水をさせるか否かの決定をしなければならない。

特に注意すべきことは、軽い疾患と思われがちな風邪や鼻炎などで耳抜きがうまくできない場合は、深く潜っていくとスクイズを発生する可能性が高まり、それ以上潜水をすることが困難になる。万一、それを無視して潜水をし続けると、鼓膜穿孔や浮上中に中耳腔リバースブロックを引き起こすおそれがあるので、そのような症状がある隊員は、潜水活動に参加させないようにすべきである。

なお、隊員たちが前記のような体調不良の状態にある場合、「体調が悪い」と素直に申告できるような体制を作っておくことも指揮官の重要な任務である。

(4) **治療可能な医療機関の把握**

スクーバ隊は常に不測の事態に備え、「緊急処置マニュアル」のようなものを作成し、事故発生時にはそれにのっとって速やかに対応するように、あらかじめ関係者に周知しておくことが必要である。

潜水時に発生する疾患の中で、高気圧障害（減圧障害を含む。）は潜水（潜函作業を含む。）特有のものであるため、それが発生した場合は、一般の医療機関では対応することができない。そのため、指揮官やそれに準ずる者は、事前に一般的な医療機関のほかに、高気圧障害の治療を実施できる近隣の医療機関の存在を把握しておくことが重要

である。その際、再圧治療タンクを所有していても、それを取り扱う医師が長期間不在であったり、高気圧障害の治療以外の目的で使用しているために高気圧障害に対応できない場合もあるので、そのような情報も入手しておく必要がある。

(5) 搬送体制の確立

減圧症や空気塞栓症といった減圧障害が発生した場合、いち早く治療を開始することにより、治癒率が大幅に高まることが知られている。そのため、万一、そのような病状が出現した場合は、酸素呼吸をさせながら速やかに治療機関へ搬送することが望まれる。

(6) 出動現場に関する事前の情報収集

管轄内の水域のうち、港湾や海岸の深度は、海図や海保などの情報により知ることができるが、河川や湖沼、ダムに関する情報については、それらを管轄する機関からあらかじめ入手しておくことが望まれる。その際、その他の情報（水温、透明度、水流、汚染度など）も併せて入手しておくとよい。

なお、水深に関する情報が得られない場合は、魚群探知機（魚探）を活用することにより、かなり正確な情報を得ることができる。

2 事案状況の把握と潜水（形態）モードの選択

水難救助の要請があった場合、指揮官は現場の状況に関し、まず、次のような情報を入手するように努める。

・日時
・場所
・不明者の人数及び年齢・性別
・事案の状況
・現場の状況（水深、波高など）　など

これらの情報を基に、指揮官は、潜水を熟知したベテラン隊員などと共に、スクーバ隊員の編成や、その他の隊員の人員配備及び潜水計画の立案などを行い、現場に到着した時点で、詳細な活動計画を全隊員に周知する。

その際、「まずは潜水ありき」ということにとらわれることなく、その場の状況を十分に見極めた上で、「潜水をするか否かを決定する」ことが極めて重要である。そして、潜水活動を実施すると判断した場合は、「レスキュー（救助）モード」、「サーチ（捜索）モード」、「リカバリー（回収）モード」のいずれかを選択し、捜索法を含め、隊員たちに指示をする。

(1) レスキュー（救助）モード

これは、不明者が生存している可能性がある場合の形態で、緊急性を要するため、ス

クーバ隊員にとって極めてリスクの高い作業となることが予測される。そのため、「作業に携わるスクーバ隊員の救助」といった二次災害も考慮した体制で臨むべきである。

なお、**表1-1**に示した理由により、これに対応できるのは、そのほとんどが消防のスクーバ隊員及び海保の潜水士のみであるといっても過言ではない。

(2) サーチ（捜索）モード

これは、不明者の遺体や証拠品の捜索をする場合の形態で、通常、緊急性を要することはまれであるが、水流や気象状況などの問題で、早急に対応しなければ対象物を見失ってしまうような状況では、緊急性を要する。

なお、緊急性を要しない場合は、現場の環境条件（深度、水温、水流、水質など）を十分考慮し、装備等を含め、万全の体制で臨むべきである。

特に流れの速い海域・河川の場合や、障害物が多く、しかも低水温で透明度の低いダムでの作業などは、極めて危険性が高いということを関係者一同が認識し、万一の事態に備え、万全を期すことが重要である。

(3) リカバリー（回収）モード

遺体の収容や証拠品の回収は、多くの場合、先のサーチモードに引き続き行われることが多いが、その時々の状況（気象・海象の悪化、多くの時間や特殊な機材を要する場合など）により、それぞれが単独で行われることもある。その際、対象物を見失うおそれがある場合は、それに目印となるブイなどを設置しておくとよい。

3 スクーバ隊員の心構え

水難事案の現場では、そこに集まる多くの人たちが、「○○消防」又は「○○警察機動隊」などと書かれたウエットスーツ（又はドライスーツ）姿の隊員を目にしたとき、誰もが、「プロのダイバー」がやって来たと思うに違いない。それと同時に、「彼らならできる、やってくれる！」と期待をしつつ、そこで行われる潜水活動の様子を注意深く見守ることだろう。

このように、一般市民にとっては、スクーバ隊員によって編成される部隊は、正に、「プロのダイバー集団」であり、その場で最も頼れる存在なのである。

現場で活動するスクーバ隊員は、周囲の人たちから常にそのような目で見られているということを認識しつつ、作業を遂行しなければならない。特に、不明者の捜索に際しては、その家族や関係者がパニック状態に陥っていたり、心理的に動揺していら立った状態であることが多いので、迅速に行動するように心掛ける必要がある。それに加え、現場にいる隊員たちは、常に言動に細心の注意を払い、その人たちに対して思いやりのある態度で接しなければならない。

4 不明者の捜索に向けて

　水中で行方不明となった者は、ほとんどの場合死亡しているため、その捜索の多くは遺体捜索となる。これは、スクーバ隊員たちの行う潜水活動の中でも最も緊張する作業であるといえる。特に透明度の低い中での作業は、緊張感に加え、恐怖心さえ覚えることがある。しかしながら、スクーバ隊員らは一般市民には対応できない作業をしなければならないという使命感を常に抱きながら、「これが仕事だ！」という意気込みで、その困難に立ち向かう必要がある。

(1) 不安を軽減するために

　潜水による不明者の捜索は、陸上のそれに比べて、多くの不安が付きまとうことは間違いない。その傾向は、経験の浅い隊員ほど顕著に現れることはいうまでもないが、状況次第ではベテランの隊員でさえ、そのような状況に陥ることがある。

　新隊員が不安を感じる最も大きな要因は、経験不足によるものであると思われるが、それに加え、水中で作業を行うということも不安をあおる要因となる。水中では、水中無線機などの水中交話装置を用いない限り会話をすることができないため、透明度が低い場合や流れが速い状況下では、隊員間の意思の疎通がうまくできなくなるおそれがある。そのため、水中で何かトラブルが発生し、自分自身で対処できないような事態に陥った場合、「周囲の仲間に助けてもらえるのか」、「どこか逃げ場を見つけることができるのか」、「空気がもつだろうか」などといった心配が絶えず付きまとうのである。

　また、ベテラン隊員でさえ現場の作業環境が悪い場合は、新隊員と同様の不安を抱くに違いない。それと同時に、作業環境がよい状況であっても、潜水経験や現場経験の少ない隊員たちと潜水活動を行うような場合は、常に彼らの行動に気を遣いながら活動しなければならないことも不安要因となる可能性がある。

　したがって、このような不安を払拭又は軽減させるためには、スクーバ隊員全員で定期的な訓練を行って技量を高めることや、その都度、通信方法などを確認し、隊員間の意思の疎通を図ることが重要である。

(2) 恐怖心を軽減するために

　捜索中に恐怖心が生じるか否かという問題に関しては、スクーバ隊員と不明者とがどのような関係にあるかによって異なるといっても過言ではない。

　多くの場合、不明者はスクーバ隊員にとって見ず知らずの他人であるために、恐怖心が生じるのである。もし、不明者が隊員の身内であったり、親しい友人であったりした場合は、恐怖心が起こるどころか、むしろ、「一刻も早く見つけてやらなければ」という衝動に駆られるに違いない。

　このように、不明者の捜索現場では、常に自らの立場を不明者の身内の立場に置き換

えることができれば、恐怖心は払拭又は軽減されるであろうし、傷心の人たちに対して思いやりのある態度で接することができると考える。

5 現場での対応

先に述べたように、人身事案の場合、捜索現場には、不明者の家族、関係者のほか、報道関係者や多くの野次馬が押し寄せてくることが予測されるため、そのような場では陸上における指揮官の役割が重要となる。

指揮官は、冷静な判断に基づき、まず、捜索法や作業時間及び人員配置などについて適切な指示を与え、次いで、関係部署との協議（連絡体制、広報活動の徹底や規制線の設置など）を行い、スクーバ隊員が作業しやすい環境を整えるようにする。また、不明者の家族に対しては、相手に誠意を示すためにも、できる限り指揮官がその対応を担うべきであるが、それが困難な場合は、上位階級の者が対応するようにすべきである。その際、不安がる家族や関係者に対し、作業状況などを伝えることも必要となる。

そして、事態が進展して不明者を発見し、収容するという段階に入ったならば、指揮官は素早く不明者の家族たちをその場から遠ざけ、その間に収容作業を行うようにする。そのような行為は、不明者の家族たちに対する思いやりであり、現場でのトラブルを防止するためにも必要なことである。

次の事例は、これらに関係する実例である。

> **事例1　不明者の家族の激怒**
>
> > 透明度の低い海域（湾内）で、不明者（遺体）の捜索に参加した新隊員がたまたま遺体を発見したため、驚いて急浮上をして、周囲の者に「ここにあったぞ！」と大声で知らせた。その直後に、他の隊員たちによって遺体が収容され、当該事案は滞りなく終了した。ところが、その直後、不明者の家族が「あったとは何事か！」と激怒したため、指揮官が陳謝したという事例。
>
> 本来ならば、首尾よく作業が遂行されたので、不明者の家族からはねぎらいの言葉が発せられる場面であったろうが、「あった！」という物扱いの一言で、極めて後味の悪い潜水活動になってしまった。
>
> **事例2　スクーバ隊員が起こした脳震盪**
>
> > 不明者（幼児）が誤って岸壁から海中に落下したとの通報を受け、数時間後に現着したスクーバ隊員が潜水活動を開始した。当時、岸壁には多くの人たちが集結していたが、中でも幼児の母親がその子の名前を呼びながら、岸壁を右往左往している状況であった。

> その活動中、隊員が水没していた幼児を発見し、直ちに陸上に抱え上げて、その場でお経を唱えていたところへ幼児の母親がやって来て、隊員の腕から幼児を奪い取るような行動をとった。その瞬間、隊員はボンベを背負った状態で後方に押し倒され、頭部を強打して一瞬意識を失ったという事例。

前の事例１と同様、その場に家族がいたことにより発生した典型的なトラブルであるといえる。事故発生直後の現場では、不明者の安否を気遣う家族や友人たちが現場周辺を右往左往する光景がよく見受けられる。

そのとき、彼らは心理的に極めて不安定な状態にあることは疑う余地もないが、時にはパニック状態や半狂乱の状態に陥っていることさえあるため、隊員たちにとっては全く予測できない行動をとることがある。したがって、捜索に関わる隊員たちは、現場では、常にこのようなことが起こり得るということを認識しておくべきである。

事例３ 現場における罵声と称賛

> 水難事故の発生現場に到着したスクーバ隊に対し、不明者の家族及びその関係者からの「来るのが遅い！」、「早く潜れ！」などという罵声が飛び交う中、スクーバ隊員が懸命に潜水活動を行った。その結果、間もなく不明者を発見し、収容することができた瞬間に、罵声が称賛の声に変わったという事例。

このような状況も水難事故の現場では、時折起こり得ることである。スクーバ隊が現場に到着するまでの時間の遅れは様々な理由があるが、そこで問題となるのは、現場に到着した直後から潜水を開始するまでのスクーバ隊員たちの行動である。

当然のことながら、潜水活動の開始にあたっては、装備の準備や捜索地点へのブイの設置など、様々な事前の準備が必要なため、陸上の作業に比べて活動を開始するまでに多くの時間が必要となる。この件に関しては、スクーバ隊員や潜水をたしなむ人たちにとってはごく当たり前のことであるが、「不明者を早く見つけてほしい」と願う家族、特に潜水経験のない家族たちにとっては、「なぜ早く潜らないのか」といら立ちが募るだけである。ここに生じるスクーバ隊員と一般市民との間のギャップは、様々なトラブルの原因となることが少なくない。

したがって、そのようなトラブルを軽減又は回避するためには、現場でのスクーバ隊員の迅速な行動が望まれる。その一例として、移動する車両の中で、あらかじめウエットスーツ（ドライスーツ）を着用することや、潜水計画、人員配置計画を立案しておき、現場に到着した時点で速やかに潜水活動に取り掛かるようにすることなどが挙げられる。

第4　潜水活動に向けて

> **事例4** 遺体回収時の思いやり
>
> 　2週間前に行方不明となった不明者を捜索していた家族が、偶然にも不明現場から数km離れた消波ブロックの中に不明者の遺体を発見した。
> 　出動要請を受けたスクーバ隊は、翌日の早朝（水中で立って作業が行うことができる引き潮の時間帯）に作業を開始することとなったが、当該作業は不明者の家族や友人が遠巻きに見守る中での作業となった。
> 　収容すべき遺体は、すでに腐敗が進んでおり、腹部が膨張し、全身がブロックに挟まった状態であった。作業を開始した当初は、ロープを遺体に掛けて人力で引き出そうと試みたが、体にロープが食い込み、遺体をさらに損傷させるおそれがあったため、それを使用することは避けた。同時に、重機により消波ブロックを撤去することを検討したが、高額な費用が発生するとの情報を得たため、再度、人力で収容することになった。
> 　そこで思いついたのが、ウエイトベルトの活用である。隊員のウエイトベルトからウエイトを取り外し、それをロープ代わりに活用して遺体を収容するようにしたことにより、遺体の損傷を最低限にとどめて収容作業を終えることができた。

　当該事案において、最も容易に遺体を回収する方法は、遺体周辺の消波ブロックを重機で撤去することであったに違いない。当該事案に事件性がある場合、又は不明者の生存が確認され、レスキューモードで作業が遂行される場合の重機の使用に関しては、第3章P37の「よもやま話」で触れることとする。

　なお、現場でこのような事態が発生した場合、最悪のケースとしては、遺体を分離して引き出すことも念頭に置くことが必要となる。その場合、遺族の存在が明らかな場合は、必ず遺族の承諾を得た上で行うべきである。

6　交信方法

　今日、職業ダイバーの間では、水中交話装置を使用してダイバー同士やダイバーと陸上の作業員との交話を行うといったことは、ごく日常的に行われている。しかしながら、スクーバ部隊で当該装置を所有しているところはいまだ少数である。その最大の原因は、予算上の問題であると思われる。そこで、彼らが日頃から広く活用しているのが、手信号や索信号である。また、スクーバ隊員と陸上の隊員との連絡手段として、マーカーブイを活用することもできる。特に不明者の捜索で当事者を発見した場合は、収容する光景を不明者の家族の目に触れさせないようにすることも家族に対する思いやりである。そのために

は、あらかじめマーカーブイによるサインを決めておくようにする。

(1) **手信号や索信号を用いる方法**（P125参照）

　最もシンプルな交信方法として、ダイバー間で広く活用されているのが、手信号や索信号である。前者は指や腕を使い、進行方向やその時々の状況をバディや指揮官に伝えるもので、後者は保持した索を引くことにより、その時々の状況を潜水中の隊員たちに伝えるものである。

　なお、これらの信号の意味などについては、日頃の訓練を通して各隊員に周知しておくことが必要である。

(2) **マーカーブイを用いる方法**（P148参照）

　この方法は、潜水活動における安全対策の一環として、また、スクーバ隊員と陸上の隊員との通信手段として活用することができる。

　当初、著者たちが使用していたブイは、広く漁具として使用されているポリエチレン製のものであったが、「当たると痛い」、「持ち運びに重い」という理由から、その後は船のフェンダーとして使用されている塩化ビニール製（直径25cm、浮力約3kg）のものを使用した。

　使用法は、あらかじめブイに潜水深度に適した長さのロープ（太さ約10mm、長さ約10m）をくくりつけておき、その先端をスクーバ隊員の一人（バディ捜索の場合はいずれかの隊員、グループ潜水の場合は索端となる隊員）のBCの肩の部分又はボンベのバルブの付け根部分に取り付ける。それにより、水中で活動するスクーバ隊員の位置を水上から確認（安全確認）することができる。さらに、ブイを引く回数とその意味（たとえば、不明者を発見したときや何かトラブルが発生したときにブイを引く回数）をあらかじめ隊員たちに周知しておくことにより、スクーバ隊員と陸上の隊員との通信手段として活用できる。

(3) **水中交話装置を用いる方法**

　これは、スクーバ隊員が水中交話装置を装備した用具（フルフェイスマスク）を用いて、スクーバ隊員同士又はスクーバ隊員と陸上の指揮官などとの交信を行う場合の装置であるが、スクーバ隊の間ではそれほど広く普及していない。潜水活動の安全性を高めるといった観点から、今後可能な限り各スクーバ隊で導入することが望まれるが、既存の無線式のタイプのものは、明瞭な会話がしづらいといった問題があるようだ。

(4) **水中スピーカーとマーカーブイを併用する方法**

　前記の水中交話装置が使用できない場合は、多くの部隊が所有する水中スピーカーとマーカーブイを併用することにより、交信方法として代用することができる。本来、水中スピーカーは陸上の指揮官が水中にいるスクーバ隊員に指示をしたり、注意を促す場合に使用するものであるため、その通信系統は一方向にしか活用することができない。

しかし、マーカーブイを併用することにより、通信装置としての機能を発揮することができる。

その使用例を紹介すると、水中で潜水活動を実施しているスクーバ隊が指揮官からの指示や注意事項を耳にしたとき、又は対象物を発見したときに、マーカーブイを付けた隊員は、直ちにそれを引いて陸上にサインを送る。これにより、陸上の指揮官たちは水中の様子を知ることができる。また、異なった場所で数グループの部隊が潜水活動を行った場合、あるグループから、「対象物を発見した」というマーカーブイによるサインが陸上に送られたときに、それを受けた指揮官は、直ちに水中スピーカーを用いてその情報を他のグループに知らせることができる。ただし、その場合は、「暗号」などをあらかじめ決めておき、それを使うべきである。

〈参考文献〉

1　海洋研究開発機構　海洋工学センター（2008）『改訂第4版　スクーバ隊員のための捜索マニュアル』海洋研究開発機構．

第 2 章

潜水活動における留意点

第1　潜水活動の特殊性と危険性

　陸上の作業とは異なり、潜水活動は周囲が水で高圧という特殊な環境下で実施するため、何かトラブルが発生した場合は、逃げ場を確保することが容易ではない。そのため、ささいなトラブルでさえ、重大事故を引き起こす可能性が高くなる。

　たとえば、素潜りの場合は、スノーケルクリアのミスによるトラブルが特に問題となる。そのようなトラブルが発生した場合は、たちまちパニックに陥ることが予測されるが、トラブルが発生したのが背の立たない場所であったり、何かにつかまることができない場所である場合は、重大事故を引き起こす可能性が高くなる。

　これに対し、スクーバ潜水の場合は、呼吸さえ確保されていれば、素潜りなどのときに比べて即座にパニックに陥ることは少ないと思われる。しかし、トラブルを回避するために水中にとどまる時間が長引けば、ボンベ内の空気が欠乏し、それが原因となってパニック及び重大事故を引き起こす可能性がある。

　さらに、深い場所に潜る場合は、水圧の問題も無視できない。パニックに陥りルールを逸脱して急激に浮上した場合は、減圧障害や肺破裂といった通常の陸上の作業では起こり得ない障害を引き起こす危険性を孕んでいる。したがって、前記のような問題を回避するためには、十分な知識を備え、さらに十分な訓練を積んだ上で潜水作業に臨むことが重要であるとともに、第2・第3のような知識と基本的なルールを知っておく必要がある。

第2　スクーバ潜水におけるルールの遵守

　潜水による捜索活動は、スクーバ潜水で行うことを基本とするために守るべきルールがある。そこで、守るべきルールとそれを無視した場合に起こる障害や問題の概要を**表2−1**に示す。

第2　スクーバ潜水におけるルールの遵守

表2-1　守るべきルールとそれを無視した場合に起こる障害や問題

スクーバ潜水における守るべきルール	無視した場合に起こる障害や問題
1）均圧の励行	中耳腔スクイズ、内耳障害、リバースブロック*1
2）潜水深度の遵守	窒素酔い、減圧症
3）潜降・浮上速度の遵守	各種スクイズ、肺破裂、減圧症
4）無減圧潜水の励行	減圧症
5）繰り返し潜水時の修正時間の導入	減圧症
6）寒冷や汚染に対する防御	低体温症、感染症、皮膚疾患、減圧症
7）潜降・浮上中の呼吸の励行	肺スクイズ、減圧症、肺破裂
8）バディシステムの遵守	不測の事態に対する無防備
9）潜水後の飛行と高所潜水におけるルールの遵守	減圧症
10）規則正しい呼吸法の励行	過換気症候群、空気消費量の増大
11）不慣れな器材や用具の使用制限	トラブルに伴うパニック
12）夜間潜水の原則禁止	二次災害
13）体調不調時の活動制限	減圧症、二次災害

1　均圧の励行

　潜水は水圧を受けて行う作業であるため、水中では、常に生体内（気体が存在する箇所）の圧力と外部との圧力（水圧）を均一に保つ（均圧する）必要がある。生体内には様々な部位（肺や腸管など）に気体（ガス）が存在するが、とりわけ潜水を行う上で問題となるのは、頭蓋骨という硬い骨の中に存在するガスである。それが存在する箇所は、大きく2つの部位に分けられる。その1つが鼓膜内部の中耳腔であり、もう1つが鼻腔の上部から前頭部の周辺にかけて存在する副鼻腔*2である。中でも中耳腔内に存在するガスの影響は、潜水を開始した直後から顕著に現れる。

　潜水を開始した場合、まず最初に現れる現象は、鼓膜に対する圧迫感であるが、それを無視し続けて潜ると鼓膜に痛みを生じるようになる。これらは、外部と中耳腔の間に圧力の差（差圧）が生じるために起こる現象であるため、それを回避するために耳抜きを行

---

*1　潜降時に発生する圧力傷害のスクイズに対し、浮上時に生じる圧力傷害をリバースブロック（単に「ブロック」ということもある。）といい、中耳腔に発生した場合は、中耳腔リバースブロック（浮き耳）という。スクイズ及びブロックを総じて圧外傷という。

*2　副鼻腔は、鼻腔から前頭部周辺にかけて存在する4つの洞からなる空洞で、ダイバーの間ではサイナスとも呼ばれる。これらの洞は細い管によって鼻腔に通じているが、この管は中鼻腔に通じる耳管と異なり、正常な状態では常に開いた状態で存在する。そのため、耳抜きのような行為をする必要はなく、自動的に圧力の高い空気がそこに進入し、均圧される。

う。耳抜きは、閉じている耳管を人為的に開放して、圧力のかかった空気を中耳腔内に送り込む行為であり、それにより、中耳腔内と外圧との均圧を図る。そうすることにより、より深く潜っていくことが可能となる。

ところが、風邪を引いたときや不慣れな初心者などは、耳抜きがうまくいかず、均圧することができないことがある。そのような場合は、鼓膜痛が生じて潜ることが困難となるが、まれに痛みをこらえて潜り続ける者がいる。

そのようなことがあると、鼓膜穿孔や中耳炎を起こしたりするばかりではなく、今度は浮上時に中耳腔リバースブロックという現象が生じ、浮上後に強度の耳痛や頭痛などに見舞われることになる。したがって、耳抜きがうまくできない場合は、断じて潜水すべきではない。

一方、副鼻腔炎（蓄膿症）を患っていたり、風邪や花粉症などで絶えず鼻汁が出る状態で潜る場合は、副鼻腔スクイズを引き起す可能性がある。この場合、主に前頭部に痛みが現れるが、そのようなときも決して潜水すべきではない。

2　潜水深度の遵守

平成27年に改正された高圧則において、圧縮空気を呼吸ガスとする潜水の許容深度は40mまでと制限された。それは、潜水深度の増加に伴い、窒素分圧（PN_2）が上昇するために起こる窒素酔いを防止することが主な目的であるが、それと同時に、ガス密度の増加に伴う換気不良による二酸化炭素中毒の面から規定された深度である。

実際に潜水活動を行う場合は、水深10mの場合でも、20mの場合でも、感覚的には大差はないため、十分な訓練を積んだ隊員であれば、体調が万全で精神的な不安がない状態で、しかも水域の条件が良好（透明度が高く、流れが緩やかな海域など）でありさえすれば、水深30m程度まで潜ることは十分可能である。その場合は、潜水する場所を見定めて、ピンポイントで、しかも時間に余裕をもって潜るようにすべきである。しかしながら、訓練の頻度が少なく、しかも、プールなどの比較的浅い場所でしか訓練を行うことのできないスクーバ隊員が現場で潜水活動を行うときの深度は、おおむね10～15m程度が妥当であると思われる。

3　潜降・浮上速度の遵守

潜降速度については特に規定は設けられていないが、「U.S.Navy ダイビングマニュアル」では、毎分75ft（約23m）以内となっている。これらのことからも推測できるように、耳抜きの良否により、速度をコントロールしながら潜ることが可能であり、潜降速度に関しては、あまり神経質になることはない。

一方、浮上速度に関しては、高圧則では毎分10m以下、U.S.Navy のマニュアルでは毎

分30ft（約9m）以下の速度にするように規定されている。これらは、急激に浮上することにより、体内に溶け込んでいる窒素ガスが過飽和となり、気泡化するのを防ぐために設けられた速度であるので、遵守するように努めなければならない。

ちなみに、毎分9〜10mの浮上速度は、「吐き出す泡の中の最も小さい泡と同じ程度の速さ」であるといわれるので、それを参考にするとよい。

4　無減圧潜水の励行

近年、減圧症の発現を防止するため、無減圧潜水を行うことが推奨されている。スクーバ隊員が行う潜水活動は、比較的深度が浅く、しかも、シングルボンベを使用するので、潜水時間の制約があり、ほとんどが無減圧潜水を励行しているのが現状である。

今後もそれを遵守していくことが重要であるが、仮に、極めて緊急性を要する事案の中で、減圧潜水を実施するような事態が発生したならば、潜水深度を遵守（最大40m程度）した上で、綿密な潜水計画を立ててから行うべきである。

ただし、様々な状況から判断し、装備や潜水隊員の技量の面からみて、指揮官が「無理だ」と判断した場合は、潜水経験が豊富な潜水業者にその業務を委ねるべきである。

5　繰り返し潜水時の修正時間の導入

ここでいう繰り返し潜水とは、水深10m以深の場所で14時間以内に2度以上、スクーバ潜水を行うことを指す。捜索現場では、比較的短時間に繰り返し潜水を行うことはよくあることだが、その場合、問題となるのは潜水深度[*3]である。

水深10m以浅において、スクーバ隊員が使用する通常の装備で潜水活動を行う場合は、何度繰り返し潜水を行っても問題ないとされる。ところが、それ以深の場所で繰り返し潜水を行う場合は、修正時間を加味した潜水計画を立てることが必要となり、それを無視すると減圧症にかかる危険性が高まるので注意しなければならない。

6　寒冷や汚染に対する防ぎょ

スクーバ隊が出動する現場は、低水温や汚染水域[*4]といった場所であることが少なくない。そのような現場で潜水活動を行う場合は、それぞれの状況に見合った装備や器材を使用することが必要となるが、そこで不可欠なのはドライスーツである。これには、大きく

---

*3　減圧症が発生するのは、そのほとんどが10m以深に潜水した場合であるため、多くの減圧表は、10m以浅では減圧症が発生しないという考えに基づいて作成されているからである。したがって、それ以浅の深度であれば、繰り返し何回潜水しても構わないことになる。

*4　ここでいう汚染水域とは、病原性微生物、発がん性物質、有害化学物質、放射線物質などである。

分けて2種類あり、その1つは寒冷対策用、もう1つは汚染対策用のものである。

　前者は保温性を重視したものであるため、その多くはウエットスーツと同様の生地で作られているが、それを使用する基準は、水温が15〜16℃以下の場所であるとされる。保温性を保つのは、低体温症から身を守ることが主な目的であるが、減圧症の発生を防止する[*5]意味からも有用である。

　一方、後者は汚れの落ちやすさを重視したものであるため、その多くがゴム製のものであるが、近年、職業ダイバーの間では、ウエットスーツの生地に液化ゴムを吹き付けた（ラジアルコーティングをした）ものが多く使用されている。特に汚染水域用に開発されたドライスーツの詳細については、第3章、第1、2「(3) 汚染された河川」で触れるが、それを使用する場合の空気の供給方式は、フリーフロータイプ[*6]で、しかもマスクは、ハードハットタイプのフルフェイスマスク[*7]（**図2－1**）を使用することが不可欠であるといわれる。

　ドライスーツは、本来、水漏れを防ぐためにオーダーメイドのものを使用すべきである

図2－1　ハードハットヘルメットの1種（スーパーライト型）

[*5] 寒さで血流が減少することにより、体内に溶け込んだ窒素ガスが速やかに排泄されないからであるといわれる。

[*6] 通常、スクーバ潜水で使用しているのはデマンドタイプで、息を吸ったときにしかガスが流れ出ないようになっている。したがって、ガスを吸わないときにはレギュレーターやマスクの内部が陰圧となり、外部の水が浸入するおそれがある。これに対し、フリーフロータイプは呼吸をしていないときも、常にレギュレーターやマスク内にガスが流れ込むので、その内は絶えず陽圧になっているために外部の水が浸入することはない。ただし、デマンド式よりもガスの消費量が多いために通常のスクーバ潜水で使われることはほとんどなく、多くが他給気式で行われる。なお、近年、汚染水域用のデマンドタイプの装備も出回ってきているようである。

[*7] 頭部が外部の水と接触しないようにすると共に、障害物によるけがから身を守らなければならない。そのためには頭部全体を覆い、しかも頑丈な素材でできたヘルメットを使用することが必要となる。

が、各所属に配備されるものの多くは、既製品であるために、スクーバ隊員の体型に必ずしもフィットするものばかりではない。そのような場合、ネックシールやリストシールなどを使用して水漏れをしないような対策を講じるが、それでもなお、水漏れを防止できないことがある。水漏れを起こすと、不快な状態になるばかりではなく、ドライスーツの意をなさないことになるため、そのようなものは極力使用しないようにすべきである。

なお、ドライスーツを使用する場合は、必ずフードを被るようにするといったことも忘れてはならない。

7 潜降・浮上中の呼吸の励行

息を止めたまま潜降し続けると、素潜りをしたときと同様に肺が収縮し続けるために、肺スクイズを起こす危険がある。また、浮上時に息を止めたままでいると、肺が膨張し続け、肺圧外傷（肺破裂）を起こす危険があると同時に、減圧症にかかる可能性が高まる。「減圧をする」ということは、単に浮上することだけではなく、浮上中に呼吸をすることにより、体内に蓄積した窒素ガスを肺呼吸を通して体外に排出することなので、息を止めているとそれすらできなくなってしまう。

8 バディシステムの遵守

水中で不測の事態が発生した場合、互いに助け合うという目的でバディシステムを採ることは、スクーバ隊員が潜水作業を行う上で不可欠なことである。本来、バディとは相棒、すなわち二人で潜ることを指すが、スクーバ隊が行う活動の多くは、グループ潜水であるので、各自が一定の技量を保持していれば、人数が多い方がより安全性が高まるといえる。

9 潜水後の飛行と高所潜水におけるルールの遵守 （P34参照）

スクーバ潜水を実施した直後は、体内には通常よりも多くの窒素ガスが残存している状態になっている。この割合は時間の経過に伴って徐々に減少し、やがて元の数値に戻る。しかしながら、その前に航空機に搭乗して移動するようなことがあると、低圧となった機内[*8]で減圧症を発症する可能性が高くなる。そのため、スクーバ潜水を行った後に航空機で移動する場合、無減圧潜水の場合は潜水終了後12時間経過してから、減圧潜水の場合は

---

*8　航空機（特にジェット機）は離陸すると、直後に機内の気圧は、身体に影響を及ぼさない程度の圧力、すなわち0.7〜0.8気圧（標高1,600〜1,800m相当）に保たれる（与圧される）。そのため、潜水終了後に、所定の時間が経過しないうちに航空機で移動すると、本来ならば気泡化しない余剰な窒素ガスが気泡化して、減圧症を引き起こす可能性が高くなる。

なお、減圧症が発生した患者をヘリコプターで搬送する場合は、できる限り300m以下の高度を飛行するように要望されるのも、同様の理由による。

24時間経過してから搭乗するようにすべきであるといわれる。

一方、標高300m以上の場所に存在するダムや湖で潜水することを高所潜水という。そもそも、減圧表は海抜0mの大気圧環境を基準に作成されているため、それよりも気圧の低いところで潜水する場合は、通常の減圧表を補正して使用する必要がある。

厚生労働省の指針となる「潜水士テキスト」の中にも前記と同様の文言が記載され、そこにはU.S.Navyの換算法が記載されているが、確たるものではない。そこで、ダムの補修やメンテナンスを行っている潜水業者の人たちは、国外に存在する既存の減圧表やその他の修正法などを活用しているのが現状である。

なお、スクーバ隊員がダムや湖などで潜水活動を行う場合は、高所潜水の範疇であっても、水深が10m程度で、しかも1回の潜水時間がシングルボンベでの許容時間内であれば、高所潜水に関しては、あまり神経質になる必要はない。しかしながら、長時間にわたり、山越えなどで高所移動する場合は、注意しなければならない。

10 規則正しい呼吸法の励行

スクーバ潜水を行う場合は、深く、ゆっくりした呼吸を規則正しく行うことが重要である。これには死腔[*9]の問題が深く関与する。

1回の換気（1回換気量）によって肺内に取り込まれる空気量（有効換気量）は「1回換気量－呼吸死腔量（約150mL）」となる。さらに、スノーケリングやスクーバ潜水を行う場合は、前記の死腔量にそれ自体がもつ死腔、すなわち、器械死腔の分が加わるため、新鮮な空気を取り入れるためには、通常の場合に比べ、より大きな労力を要することになる。そのような理由により、スノーケルやレギュレーターホースの長さや太さには一定の基準が設けられている。

スクーバ潜水は自ら携行するボンベに蓄えられた空気が呼吸源となるため、限られた時間に効率よく作業をするためには、深く、ゆっくりした呼吸をするように心掛けなければならない。

通常、安静状態における1分間の換気量（分時換気量）は5～6L程度であるが、分時換気量が同じであっても、深くゆっくり呼吸する人（A：1回換気量＝1000mL、1分間の呼吸数＝6回）と浅く速い呼吸をする人（B：1回換気量＝500mL、1分間の呼吸数＝12回）の換気効率（肺内に取り入れられて呼吸に活用される空気量＝有効換気量）には、次のとおり明らかな差がみられる。

[*9] 身体における死腔とは、呼吸系統において、空気が存在しているものの、呼吸に関係しない鼻腔・口腔から気管、気管支に至る部分を指し、生理学的死腔又は解剖学的死腔と呼ばれており、そこには150mL程度の空気が存在する。これに対し、スノーケルやレギュレーターに関与する死腔を器械死腔という。

（A）の場合　分時換気量＝1,000mL／回×6回／分＝6,000mL／分

　　　　　　有効換気量＝（1,000－150mL／回）×6回／分＝5,100mL／分

（B）の場合　分時換気量＝500mL／回×12回／分＝6,000mL／分

　　　　　　有効換気量＝（500－150mL／回）×12回／分＝4,200mL／分

ところが、緊張感が増した場合やパニックに陥った場合は、呼吸パターンが乱れ、速くて浅い呼吸となるために、空気の消費量が促進されるばかりではなく、死腔内で空気が行き来するだけとなり、換気不良に陥る。その結果、くわえているスノーケルやレギュレーターを口から離すといった事態を招きかねないので、注意しなければならない。

11　不慣れな器材や用具の使用制限

　特に注意しなければならないのは、ドライスーツを使用する場合である。ドライスーツを使用する場合は、ウエットスーツを使用するときよりも、より重いウエイトを使用するため、潜降・浮上を行う際の浮力調整がうまくできないと、潜水墜落や吹き上げといったトラブルを引き起こすことになる。したがって、水深の変化に伴う浮力調節の訓練を十分積んだ上で使用するようにすべきである。それと同時に、潜降・浮上の際は潜降索を使用するようにする。

　なお、ドライスーツを使用する際の浮力調節は、BCが普及する前まではドライスーツ内の空気の出し入れにより行っていた。しかし、現在では、昔ながらのヘルメット（兜）式潜水を行うダイバーを除き、BCを使用する場合は、それにより浮力調節を行うようになった。

12　夜間潜水の原則禁止

　スクーバ隊を有する警察・消防の多くは、原則として夜間潜水を行わないという取り決めをしているようであるが、先に述べた訓練の頻度や人員などの問題を勘案すると、二次災害を防止するためには妥当な指針であると思われる。

　しかしながら、緊急性を要する事案、たとえば、事故発生直後で不明者を救助できる可能性がある場合や、証拠品などの捜索において、対象物が不明になるおそれがあるような場合は、夜間潜水を実施することもあり得る。そのような場合、指揮官は、スクーバ隊員の選抜や補助要員の人員配置及び捜索法などについて、十分考慮すべきである。同時に、気象（海象）や環境状況に関する情報にも注意を払い、十分な照明を確保することなどの配慮も怠ってはならない。

　また、時折、問題提起されるのが、日没後から夜間にかけての潜水活動である。たとえば、人災に関する事案が夕刻頃に発生し、短時間で不明者を発見できずに捜索活動が日没後にずれ込むような場合である。

そのような現場では、不明者の家族や関係者が捜索の成り行きを見守っているに違いない。そのとき、現場の指揮官が、「自隊は夜間潜水を禁止している」という理由によって、隊員たちをその場から容易に撤収させることができるであろうか。当然のことながら、夜間潜水はリスクを伴うが、日頃からそれを想定した内容の訓練を取り入れ、「いざ」という場合に備えておくことさえできていれば、十分対応できるはずである。そのようなことから、著者は講演などを通して、常々、環境条件に問題がなく、十分な安全対策が講じられていれば、「極力実施すべきである」ということを論じている。

13 体調不調時の活動制限

ここでいう体調不調は、主に寝不足や二日酔いの状態を指すが、この状態で潜水を行うと波酔いに見舞われる可能性が極めて高くなる。さらに、思考力の低下により様々なトラブルを起こしかねない。また、二日酔いは減圧症にかかるリスクを高める[*10]といわれる。そのほか、精神的な不安が高じた場合や、前記以外の体調不調により、潜水活動に支障が出るような場合は、その状況を指揮官に進言させ、極力潜水をさせないようにすべきである。

第3 その他

1 索信号の徹底（P125参照）

多くのスクーバ隊は水中交話装置をもたないため、水中における隊員間の通信方法は、バディ索又は捜索ロープを使用した索信号によって行っている。これは、索を引く回数により、バディや仲間の隊員に動作の内容や現状を伝えるものであるが、索が緩んでいたり、捜査を開始する直前になって索信号の内容を周知するようであっては、正確な内容が伝わらない可能性がある。したがって、捜索中は常に索を張っておくことや、日頃の訓練を通して索信号の内容を周知しておくことが重要である。

2 器材及び残圧の確認

潜水器材のうち、ドライスーツを使用する場合のファスナーの開閉の確認など、一部の事項に関しては、バディ同士の確認が必要であるが、その他の装備品や残圧の確認は、各自で責任をもって行うべきである。

---

*10 多くの場合、二日酔いは脱水症を伴うが、脱水症になると血液の循環が悪くなり、組織に溶け込んだ窒素ガスの排泄が阻害されるためだと考えられている。

なお、高圧則第37条に「潜水作業者の携行物等」、すなわち、個人装備品の中に鋭利な刃物を携行することが義務付けられているため、多くの隊員はダイバーナイフを携行しているに違いない。これは、ロープや釣り糸により水中拘束が発生した場合、それらを切断して脱出するときに使用するものであるが、中には切れ味の悪いものが存在することがあるので、事前に切れ味を確認しておくことも重要である。特に釣り糸が複雑に絡まるような事態に陥ると、市販のダイバーナイフでは切断することが困難となることが予測される。そのような場合はキッチンバサミが有用となる。

ちなみに、海上自衛隊（以下「海自」という。）のスクーバ隊員の中には、出刃包丁やパン切りナイフをダイバーナイフの代用品として使用する者も数多く存在する。

3 回収（収容）手順の確認

対象物を発見した場合、それを回収（収容）するための手順やそれに必要な用具（器材）を事前に確認することが必要である。使用する用具（器材）の取扱法を含め、回収（収容）手順などについては、日頃の訓練を通して習熟することが望まれる。

〈参考文献〉

1　海洋研究開発機構　海洋工学センター（2008）『改訂第4版　スクーバ隊員のための捜索マニュアル』海洋研究開発機構.

2　海洋研究開発機構　海洋工学センター（2004）『潜水研修テキスト』海洋研究開発機構.

3　中央労働災害防止協会（2015）『潜水士テキスト―送気調節業務特別教育用テキスト』中央労働災害防止協会.

4　National Oceanic and Atmospheric Administration（2002）『NOAA Diving Manual』U.S. Department of Commerce.

5　U.S.Department of the Navy（2011）『U.S.Navy Diving Manual』vol.1, revision6, U.S. Goverment Printing Office.

第3章

特殊環境下における潜水活動

第1　危険を伴う水域

　スクーバ隊員が行う潜水活動は、レジャーダイバーたちが行う潜水とは全く異質であるといっても過言ではない。周知のように、レジャーダイバーたちは、潜水を楽しむことを目的としているため、自らの意思で時間や場所を選ぶことができる。しかしながら、スクーバ隊員たちが行う活動は、必ず指揮命令下の業務として行われるため、そこには、そのような選択肢は全く存在しない。しかも、その活動は、潜水に関与しない人たちにとっては想像できないほどの数多くの危険を孕んでいる。特に危険なのは、流れの速い場所や波の高い場所、それに視界不良の場所での潜水活動である。そこで本章では、様々な状況下で潜水活動を行う上での危険性や注意点について触れることにする。

1　海域での潜水

　内域の港内や入り組んだ湾内を除く多くの海域は、気象（海象）の影響をまともに受けるため、他の水域に比べて危険度の高い場所であるといえる。中でも潮流と波高は、潜水活動を行う上で、しばしば二次災害を起こしかねない厄介な要因となっている。

(1)　流れの速い海域

　　スクーバ隊員が流れのある海域で作業を行う場合、「作業が可能な潮流は約１ノット[*1]」であると認識しておくとよい。１ノット程度の流れであれば、フィンキックがう

＊１　通常、ノットは船の速さを表す単位として使用されるが、潮流など水流の速さを表す単位としても活用される。ちなみに、１ノットは１時間に1,852mを進む速さであるが、現場では、「潮流計」を使用しない限りその速さを知ることはできない。そこで有用となるのが、約50cmの長さのロープである。その使用法は、そのロープを水面上に張り、目印となるものを流したときにその距離を何秒間で流れるかを計測し、１秒間で通過すれば約１ノットということになる。

まい隊員であれば、流れに逆らって前進することは十分可能である。それでも、運動量の増加に伴うガスの消費量の増加や疲労といった問題から、長時間の作業は極めて困難となる。

一方、フィンキックに不慣れな隊員は、1ノットの潮流でも定点維持をするのが困難になる。そればかりか、フィンキックの回数が増えることにより、ガスの消費量の増加や疲労感が増長され、結果的に流されてしまうといった危険な事態にもなりかねない。

また、著者は流れの強い捜索現場に立ち会った際、捜索に参加した隊員の一人が不安と緊張感から極端に呼吸量が増加して、「過換気症候群」を引き起こし、その結果、「金縛り」状態となって、溺れかけたという場面に遭遇したことがある。

このような問題を回避若しくは軽減させるためには、日頃の訓練を通してフィンキックによる泳力の増強を図ることが重要である。流れの強い海域では、BCの中性浮力を利用する捜索法ではなく、むしろ、入水直後に素早く着底し、（できる限り何かにつかまりながら）海底を這いずるようにするとよい。その場合、通常よりも多少重いウエイトを使用することも考慮する。

なお、水没した不明者を捜索するような事案で、目撃情報などから水没地点がほぼ明確な場合は、そこから半径約10～20m以内の場所で発見できることが多いということを認識しておくとよい。この場合、不明者が水没してから潜水活動を開始するまでの時間が早ければ早いほどその確率は高くなることはいうまでもない。

(2) 波の高い海域

波高が高い海域で潜水活動を実施する場合、問題となるのは誤飲水と波酔いである。

誤飲水は、主に風波によって発生する不規則な波が原因となるが、その多くは、スノーケルを使用する際に呼吸のタイミングが波の周期に合わないときに発生する。このような状況は、未熟なダイバーに多く見られる。

一方、波酔いは、風波による波の影響よりは、むしろ、うねりが原因となる方が多い。これは、船酔いや車酔いなどと同様に、かかるか否かについては極めて大きな個人差があり、潜水歴の多少に関わらず発生するのが特徴である。その症状も船酔いなどとほぼ同様であるが、最も異なるのは発生する場所である。

船酔いや車酔いは船上や陸上で発生するために、休息する（横たわる）場所を確保するのが容易であるが、波酔いは水面（まれに浅い水中）で発生するために、そのようなわけにはいかない。波酔いにかかると、無気力感からレギュレーターやスノーケルをしっかりくわえることができなくなり、その結果、溺水といった深刻な事態に陥ることさえある。したがって、潜水活動中に波酔いを訴える隊員がいたならば、「たかが波酔い」などといって決して侮ってはならない。

潜水活動中の波酔いは、そのほとんどが水面で起こる。そのため、入水してから潜水

を開始するまでの時間をいかに短くするかが、この問題を解決する1つのカギとなる。また、波酔いしやすい隊員に対しては、事前に市販の「酔い止め薬」を服用する[*2]ことを推奨する。

(3) 汚染された海域

多くの海域は潮の流れがあるため、内陸の水域に比べて汚染という問題はあまり重視されることはないが、時折、発生する船舶事故では、それによって発生する油の流出が汚染源として問題となる。当該事案については、おおむね海保が対応するため、消防や機動隊のスクーバ隊員がそのような現場で潜水活動を行うことはほとんどないが、万一、そのような場所で潜水するような状況になった場合は、2「(3) 汚染された河川」に記載する器材を用いるべきである。ただし、油汚染にさらされた器材を処置するのは容易ではないことを認識しておく必要がある。

(4) 低水温の海域

寒冷地や厳冬期に潜水活動を行う場合、特に作業が長時間に及ぶ場合は、ドライスーツを着用することが不可欠となる。ドライスーツはウエットスーツとは異なり、それ自体の使用法を誤ると思わぬトラブルが発生するおそれがあるため、取扱法を十分マスターした上で使用しなければならない。なお、ドライスーツを使用する場合でも、フードを併用しないと保温効果は望めない。

(5) 視界不良の海域

ヘドロが堆積した海域や台風が通過した直後の海域は、視界が全くきかないことが多い。そのような現場で潜水活動を行うことは、極めて困難であり、隊員たちにとっては大きな不安やストレスとなる。

そのような場合、隊員間の水中での会話や陸上の指揮官との会話ができる交話装置を使用することができれば、不安やストレスはかなり軽減されると思われるが、現状ではそれを望むことはなかなか困難である。そこで、有用となるのがバディ索や捜索ロープで、それに水中スピーカーやマーカーブイを併用することができれば、安全性が高まり、ストレスを軽減させる効果も期待できる。

[*2] 潜水前に、「酔い止め薬」を服用することに関しては論議を呼ぶところであるが、深海で、しかも長時間作業をする場合とは異なり、スクーバ隊員が実施している潜水活動の多くは、水深が比較的浅く(おおむね10m以浅)、しかも1回の潜水時間も60分以内であることから、彼らが使用することに関しては問題ないと判断している。

そこで、著者は、波酔いしやすい隊員には、あらかじめ「酔い止め薬」を服用することを勧めているが、これまで(過去30余年)に、「酔い止め薬」が問題となるようなトラブル事例は、一度も発生していない。むしろ、「波酔いにかかることもなく、楽に作業ができた」という報告を多数受けている。

(6) 障害物の多い海域

　台風や津波が発生した直後の海域には、多くの漂流物（木材やロープなど）が散在し、海底にはがれき（木材、ロープ、漁網など）が堆積している可能性がある（図3－1）。それと同時に、極めて透明度が低くなっていることが予測されるため、そのような海域で潜水活動を行う場合は、リスクを強いられる。

図3－1　東日本大震災後の海底の様子

　特に問題となるのは、木材、ロープ、漁網の存在である。木材は流出時に折れた箇所が先の尖った鋭利な刃物状になっている可能性が高いため、それにより傷害を被ることが懸念される。また、流出して間もないロープや漁網は、強度が保たれているため、切断することも容易ではない。中でも、ナイロン製の漁網は見えにくいために、それに絡まる危険性は極めて高くなる。したがって、このような災害が発生した直後の潜水活動は、レスキューモードを除いて極力避けるべきである。

　また、消波ブロックが設置された近くで潜水活動を実施する場合は、波の影響により中に引き込まれないように注意することが必要である。状況によっては、命綱を携えることも考慮して作業を行うべきである。

2　河川での潜水

(1) 流れの速い河川

　河川の流れは海域とは異なることが多い。河口近くでは、潮の干満の影響を受ける可能性があるため、時間帯によって流れが逆になることがあるが、海域から離れた上流の流れは常に一方向である。一般的に流れが最も速い場所は、川の中心付近であるが、流れの障害となる大きな岩や人工物などが存在することによって川幅が狭くなると、そこが急流となるので注意しなければならない。

　また、水深が浅い場合は、水面の流れと川底の流れの速さはほぼ同様であるが、水深が深い場合は、水面が急流であっても、川底近くではほとんど流れがないことが多

い*3。

したがって、水深が深く（10m程度）、川幅が広い場合は、比較的流れの緩やかな場所から潜降索につかまりながら潜降し、着底後に中心部に向かうようにするとよい。

なお、急流河川で潜水活動を行う場合は、可能な限り、次のような準備及び対策を講じておくことが望まれる。

第一は、あらかじめ下流の淀みのある箇所を調べておき、もしもの場合は、そこに避難させる。第二は、あらかじめ下流の両岸に斜め（45度程度の角度）に張ったロープを木などにくくりつけておく。これは、比較的川幅が狭い場所（両岸からロープが張れる程度の川幅）で活用することができ、流された場合は、それを確保することにより、必ず川岸にたどり着くことができる。

なお、そこで使用するロープには、あらかじめ適当な箇所に浮力材を取り付けておくとよい。それにより、ロープの浮力が確保でき、位置確認も容易となる。

(2) 泡が発生している河川

河川で泡が発生する場所は、汚染水域で堆積したヘドロからガスが発生する箇所や、激しい流れが岩にぶつかる箇所、滝つぼのような落ち込みのある箇所などである。そのうち、ヘドロ内からガスが発生する箇所では、泡の量が極めて少ないため、泡自体が潜水活動に影響を及ぼすということはほとんどない。問題となるのは、**図3－2**のような場所で発生する多量の泡である。

図3－2　泡が発生している河川

＊3　水没した不明者を捜索するような事案において、目撃情報などから水没地点がほぼ明確な場合は、いかに水面の流れが急な河川であっても、水没したと思われる地点から数十mの場所で発見されることが多い。

　　ただし、不明者が着用していた衣類の素材によって、陸上から見た水没地点と実際の水没地点が異なることがある。たとえば、浮力の大きいものであれば、沈む速度が緩やかであるために、表層や中層の流れによって比較的遠くに流される可能性がある。

泡の中では、浮力が確保しにくくなるために、浮上することが困難となる。そのため、そのような場所で素潜りを行うことは極力避けるべきである。特に滝つぼのような場所は、泡だけではなく、複雑な流れにより渦巻き状の流れになっているため、思いどおりの行動ができなくなる可能性がある。詳細は、「6　滝つぼ内での潜水」の項に譲ることとする。

(3) **汚染された河川**

　近年、下水道が完備されてきたことや、汚染水の排水が規制されたことにより、全国各地の市街地を流れる河川の多くは、以前に比べるとかなり浄化されてきている。しかしながら、それでもなおいまだに大量のヘドロが堆積し、季節によっては悪臭を放つような河川が存在する。特に流れがなく、淀んだ河川にその傾向が強くみられる。

　一方、多少の流れがある河川でも、上流に病院や薬品又は化学物質を使用する研究施設などがある場合は、病原性微生物、化学物質、放射性物質、発がん性物質などにより、水質が汚染されている可能性がある。そのような場所、すなわち、汚染水域で潜水活動を実施する場合は、それに対応するための特殊な潜水装備[*4]を使用すべきで、スクーバ隊員が普段使用するスクーバ器材や3点セット（マスク、スノーケル、フィン）などは、決して使用すべきではない。

　汚染水域では、ドライスーツを使用することはごく当たり前のことであるが、この件

[*4]　汚染水域用に開発された特殊な装備に代表されるのが、ダーティーハリーシステム（図3-3）と呼ばれる装備である。その概要は、後述するハードハットと呼ばれる頑丈なヘルメットタイプのマスクと、バイキングスーツというゴム製のドライスーツを組み合わせて使用し、しかも、他給気式システムにより構成される。それにより、あらゆる汚染水域に対応することができるとされるが、装備が大掛かりであることやコストが高いことなどの理由により、現在、国内で所有しているところは防衛省以外にない。

　なお、本装備を使用するような過酷な汚染水域では、補助役となる者でさえ汚染対策用の装備を身に着けることが必要とされる。

図3-3　ダーティーハリーシステム

に関しては、普段、ウエットスーツのみで活動している部隊では、次のような問題が生じている。

その1つは、素材や生地の厚さの問題である。多くの部隊が所有するドライスーツは防寒対策用のものであるため、それを夏場、特に浅い水域で使用すると、高温多湿のために不快な気分となって作業がはかどらなくなるばかりか、最悪の場合は熱中症を引き起こす可能性がある。また、その素材はウエットスーツの生地と同様であるため、臭気や汚れが付着した場合、それらを完全に除去することは困難である。この点からも、本来、ドライスーツは「寒冷対策用」と「汚染対策用」とに区別して使用すべきである。

もう1つは、サイズの問題である。各隊が所有するドライスーツは、その多くが個人用としてではなく、隊で購入若しくは隊に配備されたものを個人用として使用しているため、時にはサイズが合わないものを使用することがある。そのような場合は、水漏れといった事態を招くことになり、それではドライスーツの意味を成さない。そのため、ドライスーツに限っては、できる限りオーダーメイドのものを使用することが望まれる。ちなみに、潜水業を営む人たち(潜水業者)の多くが汚染水域用として使用しているドライスーツは、通常のドライスーツを特殊なゴムでコーティングしたもの[*5]であり、これは冷水域の作業にも使用される。

一方、スクーバ器材についてみると、通常使用しているレギュレーターは常に口が露出しているので、周囲の水を吸い込む危険性がある。そのため、汚染水域で使用する装備は内部にレギュレーターが組み込まれたヘルメット式のマスク[*6]を使用すべきである。

(4) 低水温の河川

厳冬期はもちろんのこと、山間部や雪解け水が流入する河川で潜水活動を行う場合は、ドライスーツを欠かすことはできない。特に、山間部や雪解け水が流入する河川は、急流であることが多く、それに濁りが加わると、潜水による捜索活動は一層困難になる。そのような状況に対応するためには、ドライスーツの使用法をしっかりとマスターした上で、フィンキックによる泳力を養うほか、水中拘束が起こった場合を想定し

---

*5 ラジアルコーティング(ウエットスーツの生地に特殊なゴムを吹き付けたもの)を施したドライスーツは、汚染対策及び寒冷対策用として使用されるが、夏場の汚染水域で使用するものは3mmのウエットスーツの生地に、冬場は5〜7mmの生地に、それぞれラジアルコーティングを施したものを使用していることが多い。

*6 これは、レギュレーターがヘルメット内に組み込まれており、呼吸をしない場合でさえ、常にガス(空気)がヘルメット内に流れ出るタイプのものである。通常使用しているレギュレーターは息を吸ったときだけガス(空気)が供給されるようになっており、これを「デマンド(需要)タイプ」と呼んでおり、それに対比するものである。

た脱出訓練や妨害排除*7及び暗黒潜水訓練*8を繰り返し行っておくことが重要である。

(5) 視界不良の河川

市街地を流れる河川の多くは、ヘドロが堆積しているために透明度が低く、仮にある程度の透明度がある場所でさえ、何かの拍子（たとえば不用意なフィンキック）でヘドロが舞い上がると無視界状態となり、正に暗黒での潜水活動となる。そのような状況の中で潜水活動を行うことは、スクーバ隊員たちにとってはいわば当たり前のことであり、特に問題視することはない。

問題視すべきは、雨後や雪解け水などにより増水した河川である。そのような河川は濁りだけではなく、増水や急流といった条件が加わる。そこで潜水活動を行うことは、困難かつ危険を伴うため、極力避けるべきである。

(6) 障害物の多い河川

河川で障害物が問題となるのは、主に枯れた立木や、中洲・岸辺に設置されたテトラポットのようなブロックなどである。そのような障害物が存在する箇所であっても、透明度が高く、流れが緩やかな場合は、特に問題視する必要はないが、そうでない場合は極めて危険な箇所となることを改めて周知しておく必要がある。

特に障害物のある急流河川では、フィンキックによる泳力でのコントロールが効きにくくなるため、障害物の方に吸い込まれてしまうといった問題が発生することがある。そのような場合は、決してレギュレーターを口から離さないように注意すべきである。

3 湖沼や池などでの潜水

標高の高い場所に存在する湖は、透明度は高いものの低水温であるため、特に寒冷対策を講じて作業を行うように心掛ける必要がある。

一方、平地に存在する湖沼や池の多くは、透明度が低いため、そのような場所で潜水活動を行う場合は、無視界潜水に対応できる体制で臨まなければならない。

なお、そのような場所には、近年、「かみつきガメ」などの人間に危害を加える動物が生息している可能性があるので、事前に人に危害を及ぼす生物などに関する情報を入手することも必要となる。万一、その存在が確認されるか、その種の動物が生息している可能性が高いと判断された場合は、潜水活動ではなく、第8章、第3、1に後述する「スバリ」による捜索に切り替えることも検討すべきである。

---

*7 当該訓練は急流な水域や視界不良の水域において、マスクやレギュレーターなどが障害物などに接触して外れてしまう事態など、緊急事態が発生した場合の対処法をマスターするための訓練である。

*8 当該訓練は、目隠し状態にして、前記のような事態が発生した場合の対処法を習得させることや無視界状態での恐怖心を払拭するための訓練である。

4 ダム（ダム湖）での潜水

ダム湖は、低水温と視界不良という特徴を有する水域である。それに加え、中には立木や家屋などの建築物がそのままの状態で水没していることもあるので、そこで潜水活動を行う場合は、寒冷対策を講じた上で、水中拘束が発生した場合の対処法を念頭に置いて臨むべきである。

(1) **高所のダム湖**（P22参照）

標高が300mを超える場所に存在するダム湖で潜水する場合は、高所潜水として扱う必要があり、それを無視して通常の潜水を行うと、減圧症にかかるリスクが高まるといわれる。

ア～ウに高所潜水における減圧法や減圧表を示すが、スクーバ隊員が行う潜水活動は、深度が浅く、しかも短時間であるために、高所潜水という点に関してはあまり神経質になる必要はない。ただ、不測の事態に備え、高所潜水に関する知識はもち備えておかなければならない。

ア　それぞれの標高における気圧から相対深度を求める方法

U.S.Navy が使用しているもので、NOAA（National Oceanic and Atmospheric Administration：海洋大気局）のダイビングマニュアルにも記載されている。これは、それぞれの標高における気圧（表3－1）を次式に当てはめ、高所における（実測の）深度が大気圧下では何フィートの深度に相当するかを算出し、求めた深度を標準減圧表の深度に当てはめて減圧表を引く方法である。

$$相対深度 = 高所での深度（fsw）\times \frac{海面の気圧（psi）}{高所の気圧（psi）}$$

表3－1　各高所における圧力

高所（ft）	気圧（psi）	気圧（atm）
0	14.70	1.000
1,000	14.17	0.964
2,000	13.67	0.930
3,000	13.17	0.896
4,000	12.70	0.864
5,000	12.23	0.832
6,000	11.78	0.801
7,000	11.35	0.772
8,000	10.92	0.743
9,000	10.51	0.715
10,000	10.11	0.588

イ　各標高における深度に一定の係数を乗じて深度を補正する方法

　RN（Royal Navy：英国海軍）やCIRIA（Construction Industry Research and Information Association：建設業研究情報協会）など、英国を中心に行われている方法である。これは表3－2に示すように、単に各標高における深度に一定の係数を乗じて深度を補正するため、最も簡便で使用しやすい方法であるといえる。

表3－2　RN及びCIRIAの高所潜水の補正表

水面の標高	補正値
100m～ 300m	実際の潜水深度×1.25倍
300m～2,000m	〃　　　　　×1.30倍
2,000m～3,000m	〃　　　　　×1.50倍
	を乗じて減圧表を引く

ウ　あらかじめ作成された減圧表を引用する方法

　これはA.A.Bühlmannによって考案されたもので、スイスの山岳警備隊などで活用されている。本減圧表は、「淡水域」で使用することを目的に作成されており、表3－3に示すような区分に分けられている。

表3－3　各標高における潜水可能な深度

標高	潜水可能な深度
0m～ 700m	水深70mまで
701m～1,500m	水深60mまで
1,501m～2,000m	水深50mまで
2,001m～2,500m	水深50mまで
2,501m～3,200m	水深50mまで

　なお、当該減圧表を引用するにあたっては、U.S.NAVYの「Decompression Table」を活用するための知識が必要となる。

(2)　低水温のダム湖

　ダム湖の水温は、存在する場所や季節によって異なるが、多くの場合、水面温度がいかに高い場合でさえ、水深が10mになると10℃程度に、水深20m以下では5℃程度まで低下するといわれる。そのため、ダム湖で潜水活動を行う場合は、必ず寒冷対策を講じた上で実施すべきである。

(3)　視界不良のダム湖

　ダム湖は、河川や周辺から流入する土砂などの影響により、透明度は極めて低い。特に湖底には多くの堆積物がヘドロ状となっているために、そこでの潜水活動は、正に無視界状態で行われることになることを周知した上で作業にあたるべきである。

(4) 障害物の多いダム湖

ダム湖には立木や建造物などの障害物が存在することが多く、中には、護岸から水中に向けて金属棒のような物体が露出しているような場所さえあるため、護岸から入・出水する場合は十分注意することが必要である。また、湖底での捜索は、水中拘束の危険を周知した上で作業にあたるようにする。

5 暗渠内での潜水

通常、潜水作業を行う上での暗渠内とは、沈船の船内や排水溝内などを指すが、消防や機動隊のスクーバ隊員が遭遇する身近な暗渠は、洪水などによって水没した家屋や陸橋などの下を通るアンダーパスが主な対象となる。

暗渠内潜水を行う上で最も憂慮されるのは、天井部分が水に浸っているために、万一の場合、上方への逃げ場が確保できないことがあるといった問題である。近年の都市部では、「ゲリラ豪雨」と呼ばれる局地的な集中豪雨により、道路が冠水し、時々、アンダーパスに取り残された車両の捜索が行われるようになってきた。これは、正に今まで注目視されていなかった暗渠内潜水である。このような場所で潜水活動を行う場合は、洞窟内の潜水のように進入経路を見失う可能性があるため、必ず命綱を使用すべきである。

6 滝つぼ内での潜水

滝つぼは、落下する水の力とそれによって発生する大量の泡や周辺で発生する渦巻き状の流れによって、流れが極めて複雑になっている。そのため、そこで行う潜水活動は、危険を伴う極めて困難な作業となることが予測される。渦巻き状の流れは、落差が大きく水量が多い滝つぼほど顕著となるため、仮にその流れに乗ってしまった場合は、体勢を維持することが困難になるばかりか、水の勢いでレギュレーターが口から外れてしまうといった事態にもなりかねない。滝つぼ内でそのような事態が起こるのは、致命的なことである。

流れが緩やかな水域で常に流れの方向が一定である場合は、たとえ口からレギュレーターが外れたとしても、それを想定した訓練が行われていれば、容易にそれを探し出すことができるかもしれない。しかし、滝つぼ内の場合は様子が一変する。それは複雑な流れと泡の影響により、口から外れたレギュレーターは、一定の場所にとどまることがないので、見つけ出すことが極めて困難になる。

そのような状況において、口から外れたレギュレーターを確保するための唯一の方法は、ファーストステージからそれをたどり当てることであるが、その場合、どれだけ息こらえ時間を延ばすことができるかといったことが問題となる。周知のとおり、ファーストステージには、レギュレーターホース以外のホースが取り付けられているために、一刻を

争う事態の中で、誤ったホースを手にした場合は、致命的な事態に陥ることは必至である。

そのようなことから、日頃から目隠しをした状態で、ファーストステージからレギュレーターホースをたどり、セカンドステージを探し当てる訓練を実施しておくことが有用であると考える。それと共に、息こらえ時間を長引かせるための訓練も実施しておく必要がある。

第2 その他の環境条件

1 潜水時の気象・海象

いかに優れたスクーバ隊員でも、過酷な自然条件を無視して潜水活動を行うことは、時として、危険かつ無謀な行為となる。したがって、各隊は独自に作成した「安全基準(仮称)」の中に、あらかじめ気象や海象についての指針を定めておき、それにのっとって潜水活動を実施すべきである。

なお、風速と波高との関係は、風向きにより異なることがあるため、実際に現場に出向いてから潜水をさせるか否かを決定することが多い。そのときの最終的な判断は、指揮官に委ねられるが、それを判断する場合は、現場で潜水活動に従事するスクーバ隊員たちの意見に耳を傾けることも必要である。

2 潜水時の時間帯 (P23参照)

潜水活動は日中に行うべきで、原則として夜間潜水は、禁止すべきである。しかしながら、状況次第では、夜間潜水を行うことがある。

捜索・救助などの経費に関するよもやま話

事故や自殺などの水難事案が発生した場合、その現場で作業に当たるのは、消防、海保、警察といった公的機関の職員(主に救助隊)であるため、そこで発生する経費は全て公費で賄われる。そのため、個人(不明者やその家族)負担となることはない。

ところが、次のような場合はどうであろうか? 例を挙げて紹介する。

例1 レスキューモードでの重機の使用―その1

たとえば、当事者が堤防から転落し、下にある消波ブロック(テトラポットなど)の間に完全に身体が挟まった状態で救助を求められたが、当事者の生命

> を確保するためには、消波ブロックを重機で移動させる以外方法がないという事案が発生した場合。
>
> 当該作業は救助活動であるため、消防や海保の隊員が先頭に立って行うことになるが、本来、そこで活用する車両や機材などは、それぞれの機関が所有するものを使用するのが原則である。
>
> しかしながら、当該事案のように極めて重い構造物を撤去しなければならず、重機を使用して撤去する作業を民間業者に委託した場合は、想定外の経費が発生する可能性がある。その場合、果たしてその支払いを誰が（どこが）負担することになるのか、という疑問が生じる。

この場合、緊急事態であるため、想定外の経費が発生するからといって作業を中止するわけにはいかず、重機を活用して作業が遂行されることになる。それによって発生する費用の支払いに関して問題となるのは、次の２点であると考えられる。

１点目は、当該事故が不可抗力により発生したのか、それとも過失（立入禁止区域内への侵入）により発生したのかという問題。２点目は、どのようなルートで業者に依頼したかという問題である。

不可抗力によって事故が発生した場合は、通常、警察や消防などの公的機関から業者に作業が依頼されるため、依頼した機関に対して費用が請求される可能性がある。

しかしながら、前記の機関と事前の協議もないまま、当事者の家族たちが勝手に業者に重機の使用を依頼した場合の支払いは、当事者や依頼者に請求される可能性がある。

一方、過失の場合は、それらの経費は全て当事者や依頼者たちに請求される可能性が高い。

要するに、本件に関してはcase by caseであるといえるが、依頼者たちに支払い能力がない場合は、公費が投入される可能性があり、また、作業を請け負った業者の当該作業に対する考え方や心証等によっても請求金額は変わってくるだろう。

例２　レスキューモードでの重機の使用―その２

某消防局（本部）では、その傘下にある消防団の中に重機を所有する建設業者の人たちが所属しており、例１のような事案が発生した場合は、ボランティアとして救助活動に参加しているようである。したがって、そのような人たちが参加した場合には、そこで発生した余剰の経費の請求は全く発生しないそうである。

ただし、何らかの理由により、その人たちが参加できないような場合は、例１のような処理がされると思われる。

例3　リカバリーモードでの重機の使用—その1

水難現場では、レスキューモードからサーチモードへ、サーチモードからリカバリーモードへと移行して潜水活動が行われることも珍しくないが、ここでは、例1の状況にある当事者がすでに死亡し、遺体のある場所も確認できているという前提に基づいて記述する。

このような状況での収容作業は、おおむね警察や海保が担当するが、この場合は、遺体がすでに腐乱し始め、腹部若しくは全身が膨張して消波ブロックの間にはまり込んだ状態であった。その際、遺体の収容作業に重機が必要となった場合、そこで発生する費用は誰が（どこが）負担するのだろうか。

当該事案が事件に関係している場合は、捜査における必要経費として全額が公的機関から支払われることになる。また、そのような遺体が事故や自殺によるものかが全く明らかでない場合は、事件性の疑いもあるということで、捜査事案と同様に扱われる可能性がある。しかしながら、明らかに事故や自殺という事案であれば、家族たちの負担になる可能性が高くなる。

例4　リカバリーモードでの重機の使用—その2

車両が岸壁から海に飛び込むといった事案の多くは、事故や自殺である。そのような場合、レスキューモードからサーチモード、さらにリカバリーモードへと移行して潜水活動が行われるが、その際、当該車両の引き上げやそれを処理するための費用が発生する。その場合の支払いは誰が（どこが）するのだろうか。

当該車両の引き上げに関わる費用は、事案が発生した場所を管轄する機関（港湾の場合は港湾事務所、河川の場合は河川事務所）が負担するようであるが、回収した車両の処置に関わる費用は、当事者やその家族が負担するというのが一般的のようである。

このように、不明者を収容する際に、民間の重機を使用するなど、想定外の事態が発生した場合、それに関わる費用の負担については、ケースによって異なることがある。

第3章　特殊環境下における潜水活動

〈参考文献〉

1 A.A.Buehlmann（1976）『Decompression table for diving at altitude』Diving Medicine, appendix 3, Strauss R.H., ed., Grune & Strattion.

2 海洋研究開発機構　海洋工学センター（2008）『改訂第4版　スクーバ隊員のための捜索マニュアル』海洋研究開発機構.

3 海洋研究開発機構　海洋工学センター（2004）『潜水研修テキスト』海洋研究開発機構.

4 中央労働災害防止協会（2015）『潜水士テキスト―送気調節業務特別教育用テキスト』中央労働災害防止協会.

5 Mark Freltag, Anthony Woods（1984）『Commercial Diving：Reference and Operations Handbook』Wiley.

6 National Oceanic and Atmospheric Administration（2002）『NOAA Diving Manual』U.S.Department of Commerce.

7 Steven M.Brarsky（1972）『Diving in High-Risk Environments』Best Publishing Co.Colorad.

8 U.S.Department of the Navy（2011）,『U.S.Navy Diving Manual』vol.1, revisin6, U.S.Goverment Printing Office.

第4章

潜水訓練時の留意点

　先に述べたとおり、潜水活動を行うスクーバ隊員は、水中や高圧といった特殊な環境下に加え、劣悪な環境条件の下で作業を行う場合が少なくない。したがって、このような条件下で安全かつ効果的な作業を遂行するためには、日頃の訓練がいかに重要であるかということを、隊員はもとより、周囲の者も認識していなければならない。

　本来ならば、スクーバ隊という部隊に専属の隊員が常駐し、高頻度で定期的な訓練をすることが望まれる。しかしながら、警察や消防のスクーバ隊員の多くは、陸上における各種の業務を兼務しているのが現状であるため、潜水訓練を行うために十分な時間をかけることができないのが現状である。それに加え、出動する機会が少ないといった理由により、潜水訓練の重要性が他の陸上の訓練と比べて軽視されがちであるといった面がうかがえる。

　そのような状況を踏まえ、スクーバ隊員の陣頭指揮を執る指揮官は、周囲に対して潜水作業の危険性や問題点をあらゆる機会を通して周知するように心掛けることが求められる。また、それと並行して、定期的な訓練を継続して実施するような体制を作るように努力すべきである。

　潜水活動を円滑に行い、作業効率を高めるためには、潜水を熟知した指導官が作成したスケジュールにのっとって、時間をかけて反復して訓練を行うことが重要である。

　前にも触れたとおり、潜水はささいなトラブルでさえ、重大事故につながる可能性が高いということを潜水活動に関わる全ての隊員が認識しておかなければならない。そのため、潜水活動はもとより、訓練でさえ十分な監視体制を敷き、トラブルが発生した場合は、即座に対応できる体制が取れるようにしておくべきである。

　ところが、そのような体制を敷いていたにも関わらず、これまでに警察や消防で、訓練中や捜索中の潜水事故により、10名以上のスクーバ隊員が死亡しているのである。

　「なぜ、そのような事故が起こったのか？」。本件に関して、指揮官をはじめその上司たちは、その理由を探るべきである。

　そのヒントとなるのは、「海自や海保のスクーバ隊員が日頃から、より過酷な潜水訓練

を実施しているにもかかわらず、海自において死亡事故が発生している割合が低く、海保に至っては死亡事故が発生していないのはなぜなのか」ということである。

特にプール訓練時の事故に関しては、過去に海自でも死亡事故が発生しているが、訓練生の数や訓練の回数から比較した場合、警察における事故の発生件数に比べて多いといえるであろうか。

これらの事故は、「無理な訓練内容＝体力の限界を超えた訓練」、「いじめとも思える無意味な訓練」、「監視体制の不備」、「緊急事態発生時の対応の遅れ」、「健康管理の不備」などによって起こっているといっても過言ではない。

これらの事故を防止するためには、指揮官は彼らの身体能力や適性、それに技量などを十分把握し、訓練中の様子を絶えず注視しつつ、パニックに陥らせないような指導と、効率よく潜水活動を行う方法を伝授することである。とかくありがちな「根性論」を前面に打ち出して訓練に臨むと、取り返しのつかない事態を引き起こす可能性があるということを認識すべきである。陸上で優秀なレスキュー隊員が、必ずしも優秀なスクーバ隊員ではない場合があることも知っておくべきである。

また、忘れかけた知識を喚起し、新たな知識を導入するためにも、専門家を招いた安全教育的な内容の講習会を定期的に実施することが望まれる。

第1　潜水訓練に潜む危険

1　水面及び水中での呼吸困難

訓練中に呼吸困難に陥るのは、過剰な負荷がかけられた場合や体力の限界を超えるような場合のほか、緊張感が高じたような場合である。このようなときには、従来の呼吸ができなくなり、浅く、速い呼吸を繰り返すようになる。その結果、換気不良が起こって呼吸困難に陥り、苦しさのあまり、口にしているスノーケルやレギュレーターを外すような行動をとる。このようなことは一見不可解な行動に思えるが、当事者にとっては、「苦しさから逃れたいためにとる行動」であり、その際、くわえているものが邪魔になるからである。

水面で見られる呼吸困難の多くは、スノーケルによる負荷をかけた泳法（立ち泳ぎ[*1]やネックレス）を行った場合にみられるが、そのときは速く、浅い呼吸を繰り返した後、あえぎの状態から発生する。その際、当事者はスノーケルを口から外してあえぐか、又は息

---

*1　3点セットでのスノーケル呼吸による立ち泳ぎの際に5〜8kg程度のウエイトを保持させる。

を吸い込んだ状態でさらに吸い込もうとするような行動をとる。そのような光景に直面した場合、指揮官は当事者に対し、次のような指示を出すようにする。

- ●スノーケルをくわえ、大きく息を吐き出せ！
- ●大きく息をしろ！

また、必要に応じて、次の指示を追加する。

- ●ウエイトベルトを捨てろ！

一方、スクーバ潜水の場合は、まれに水中でさえレギュレーターを外し、一目散に水面を目指すといった異常な行動をとる者がいる。いうまでもなく、これは極めて危険な行為である。その際、浮上した場所が背の立つところやつかまることのできる場所であれば問題ないが、そうでない場合は、重大事故を引き起こす可能性が極めて高くなる。

周知のとおり、スクーバの場合は装備が重いため、BCに給気することなく水面で浮力を確保するためには、絶えず規則的なフィンキックを行う必要がある。しかしながら、パニック状態では手足の動きが乱れ、正しいフィンキックができなくなる。それに加え、全身に力が入るために浮力を確保するのが困難となる。その結果、溺水し、水没することが予測される。そのような場合、指揮官は当事者に対し、次のような指示を出すようにする。

- ●BCに給気しろ！
- ●レギュをくわえろ！
- ●大きく呼吸しろ！

また、必要に応じて、次の指示を追加する。

- ●ウエイトベルトを捨てろ！

2　無理な息こらえやあえぎによる意識喪失

潜水訓練中に比較的起こりやすく、しかも重大事故につながりやすいのが、無理な息こらえによって生じる意識喪失と、「あえぎ」によって生じる意識喪失である。

前者は、息こらえによる水平潜水[*2]の際に発生することが多く、著者もそのような光景に幾度か遭遇したことがあるが、この種の意識喪失は、ほとんどパニックを伴わないのが特徴である。そのため、注意を怠ると見逃してしまう可能性があるので、事前に指導員やプールサイドの監視員たちにその情報を周知しておくことが必要である。

なお、水平潜水により意識喪失に陥る者たちには、表4-1のような行動がみられるのでぜひ参考にしてほしい。

[*2] 3点セットを使用し、息こらえをしながらフィンキックでプールを往復させる訓練。かつて海洋研究開発機構では、訓練修了時に片道21mのプールで実施した。

第4章　潜水訓練時の留意点

表4－1　水平潜水により意識喪失に陥る者がとる行動

①	指示をされてもなかなか開始しようとしない。	自信のない隊員にみられる行動である。その際、必要以上に換気を行っていないかを注視する必要がある。
②	フィンの動かし方が速く、小さくなる。	苦しくなってきたときや究極の状態でみられる行動であるが、特に⑥の場合は、その直後に意識喪失に陥る可能性が高い。
③	腰に組んだ手を放す。	
④	手を使って泳ぎ出す。	
⑤	フィンや手の動きが鈍くなる。	
⑥	水中で息を吐きながら、斜めの方向に浮上する。	意識混濁若しくは意識喪失に陥っている可能性が極めて高いので、直ちにプールサイドに引き上げて気道確保等の必要な処置が必要である。
⑦	プールサイドにたどり着いた瞬間に沈む。	

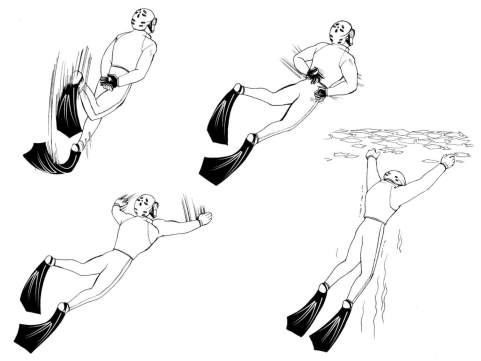

　このような状況を知った上で、速やかな救助活動が行われさえすれば、気道確保をするだけで速やかに意識は回復する。
　一方、あえぎによって生じる意識喪失は、過剰な負荷をかけて行われる立ち泳ぎや水面泳法の際にまれにみられる光景である。
　訓練中にあえぎを起こすのは、低酸素症（酸欠）や過換気症候群に陥る兆候であるが、ほとんどが一時的なものである。しかしながら、このような兆候が頻繁に現れた場合は、指揮官や指導員たちは訓練生が危険な状態に陥っていると判断すべきである。その際、手足をばたつかせるような行動がみられた場合は、正に溺れかけている状態であることを認

識し、直ちに当事者を水中から引き上げるべきである。

3 過換気症候群による四肢のしびれ

　訓練に対する不安や焦りなどにより呼吸が乱れ、必要以上に呼吸が浅く、速くなる（過換気）と、息苦しさや手足・唇のしびれを訴えることがある。このような症状は、新隊員や訓練が不得手な者たちにしばしば観察されるが、そのほとんどが過換気症候群によるものである。

　前記の症状が出現した場合は、直ちにプールサイドに引き上げ、落ち着かせるとともに、息を止めて吐くことを意識させたゆっくりした呼吸をさせる（吸う時間に対し、吐き出す時間を2倍程度にさせる。）。そうすることにより、多くの場合、比較的短時間で症状は消失する。

　かつて、過換気症候群に対しては、ペーパーバッグ法[*3]が有効とされ、数多く行われてきたが、近年、マスメディアなどでもその危険性が指摘され、行うべきではないという警鐘が発せられている。

　なお、類似した症状に「パニック障害」がある。これは、過労やストレスなどにより突然発症するといわれ、主だった症状は、激しい動悸（どうき）、息切れ、めまいなどであるが、四肢のしびれはないようである。

4 誤飲水による溺れ

　何らかの理由（スノーケルクリアやマスククリアの失敗など）によりパニックに陥ると、誤飲水により溺れることがある。スノーケルクリアのミスは、初心者にしばしばみられるが、その場合、背の立つ場所やつかまる場所が確保できていれば、大事に至ることはない。ところが、そうでない場合は、重大事故につながる可能性がある。また、ベテランでさえ、海域訓練などでスノーケリングを行う場合、不規則な高い波に見舞われるとスノーケルクリアがうまくできず、誤飲水をしてパニックに陥ることがあるので、注意しなければならない。

第2　訓練のポイント

　潜水をスポーツという観点から捉えた場合、他のスポーツと比べて極めて単純かつ短時間でマスターできるのが潜水の特徴である。それは、潜水における主だった運動は、フィンキックのみ（訓練時や流れの速い水域では、手を使うこともある。）であり、あとは効

[*3]　紙の袋で鼻や口を覆い、呼気を再呼吸させる方法。

率のよい呼吸法とBCなどの用具の使用法をマスターすればいいからである。

そこで、スクーバ隊員に対する基礎訓練では、まずフィンキックのテクニックと呼吸法を習得させるために、スノーケリングによる水面泳法を長時間かけて行うようにする。それと並行して、スノーケルクリアやマスククリアのテクニックを習得させ、さらに鼻を水中に露出した状態での呼吸法や、負荷をかけた立ち泳ぎなどを行わせる。その後、ボンベやレギュレーターの取扱法やBCの使用法、装備の脱装着法、捜索及び回収（収容）法を習得させるための訓練へと進めていく。

なお、第6章に記載したヒヤリ・ハットの事例の中には、当事者たちの息こらえ時間があと数秒間短ければ、死につながっていたと思われるようなトラブルも数例あった。そのようなことから、著者は近年、講演などを通して、スクーバ隊員は「最低でも2分間程度の息こらえ」ができるようにすることを提案している。これは息こらえ時間の短い隊員にとってはかなり厳しい時間に思われがちであるが、日頃から（デスクワーク中や通勤時間中など）息こらえの訓練をしておきさえすれば、決して不可能な時間ではない。いざというときに「生還できる時間」という認識をもって、ぜひ努力してほしい。

1　水面遊泳時のフィンキック法

3点セット又はスクーバ装備で水面泳法を行う場合、手は常に腰の位置辺りで組み（スクーバの場合はボンベの底部に手を置き）、体を軸とした状態で太腿を大きく上下に振るようにしてフィンキックを行う（図4-1-1）。その際、膝と足首をなるべく伸ばすようにし、足を上に振り上げたときにかかとが水面に多少出るようにする。フィンキックがうまくできない初心者に共通することは、膝を極端に曲げて太腿を前後させるような動作であるが、これは、「自転車こぎ」といわれる動作（図4-1-2）で、運動量が多い割に推進力を得られないといった最悪の動作である。

「自転車こぎ」の動作については、当事者に対し、指導員が注意をしてもなかなか改善されないことがある。そのような場合、水中ビデオカメラ等を使用して当事者の水中でのフィンの動きと、うまいフィンキックを行っている隊員の足の動きを対比して撮影し、注意を促すことが効果的である。

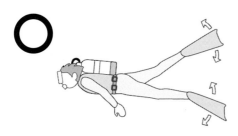

図4-1-1　上手なフィンキック

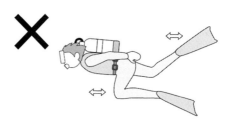

図4-1-2　下手なフィンキック

2 立ち泳ぎ時のフィンキック法

　立ち泳ぎを実施する場合、指導員が訓練生に対して、まず最初に行うべきことは、3点セットでのスノーケル呼吸で、大きく息を吸った場合と吐き出した場合の身体の浮き沈みの状態を確認させることである。それと同時に、スノーケルの先端が僅か数cm水面に出ていさえすれば呼吸ができることや、手を頭上にかざした瞬間に身体が沈みかける状態等を認識させる。3点セット又はスクーバ装備で立ち泳ぎを行う場合の基本姿勢は、手を常に腰の位置辺りで組み（スクーバの場合はボンベの底部に手を置き）、体を軸とした状態で太腿を大きく前後に振るようにしてフィンキックを行う（図4-2-1）。その際、膝と足首をなるべく伸ばすようにし、「階段のぼり」の動作（図4-2-2）にならないように注意する。

　なお、3点セットで立ち泳ぎを行う場合は顎を引くようにし、なるべく頭部を沈めるようにする。顎を突き出すと、スノーケルの先端が横向きになり、水を吸い込む羽目になる。また、手や頭部が水面に出ると、その分の浮力がなくなるために浮きにくくなる。

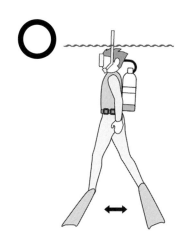
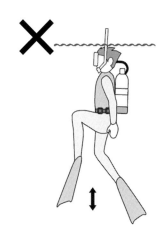

図4-2-1　上手なフィンキック　　図4-2-2　下手なフィンキック

3 素潜りの前の呼吸法

　より長く潜り続けようとするならば、素潜りを行う前に、水面で深呼吸をして呼吸を整え、その後、肺に多量の空気を吸い込んでから潜水するのが一般的である。しかしながら、そのとき、注意すべきことは過換気（速くて深い呼吸）をし過ぎないことである。

　潜水関連の多くの書物には、「素潜りの前の過換気の危険性」について述べられているが、それは、過換気を行うことにより、苦しくなる前に低酸素症によって意識喪失を引き起こす危険性があるということについての警鐘である。

　呼吸を停止すると動脈血中の酸素分圧（PO_2）が低下し、炭素ガス分圧（PCO_2）が上

昇するため、しばらくすると苦しくなる。そのとき、苦しくなってから呼吸を開始するための信号を脳が発するのは、PO_2の低下ではなく、PCO_2の上昇による刺激によって引き起こされる。

図4－3に過換気を行った場合とそうでない場合の動脈血中のPO_2とPCO_2の変化を示すが、過換気をし過ぎると苦しくなる前に低酸素症に陥る可能性があることを本図により説明することができる。

図4－3に示すA～Fは、次のことを意味する。

A：苦しくなって呼吸を開始しろという信号を脳が発するときのPCO_2の値
B：過換気を行わなかった（……線）場合、Aの信号を発するポイント
C：過換気を行った（----線）場合、Aの信号を発するポイント
D：過換気を行わなかった場合、Aの信号が発せられるときのPO_2の値
E：過換気を行った場合、Aの信号が発せられるときのPO_2の値
F：意識を保つためのPO_2の限界

図は息こらえを行うことにより、時間が経過するにつれてPO_2は減少し、PCO_2は増加することを示す。PCO_2の変化は、過換気を行わなかった場合（……線）と行った場合（----線）とでは、PCO_2レベルが後者の方が顕著に減少していることがわかる。

過換気を行わない状態で息こらえを開始すると、……線がBのポイントに達したとき、苦しくなって呼吸を開始するが、そのときのPO_2のレベルはDの延長線上にある。これに対し、過換気を行った場合は、PCO_2が息こらえをする前からすでに低下しているため、----線がCのポイントに達したときのPO_2のレベルはEに達しており、すでに意識を保つ

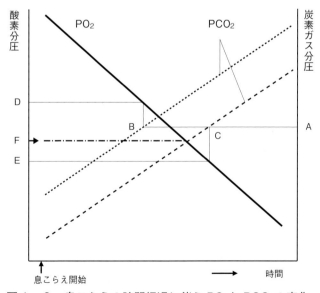

図4－3　息こらえの時間経過に伴うPO_2とPCO_2の変化

限界のFを超えてしまうのである。

4　立ち泳ぎ時の呼吸法

　立ち泳ぎを行う場合は、大きく息を吸いこんだらしばらく呼吸を止め、この間、力を抜いてフィンを動かさないようにして休む。その後、苦しくなったら大きく息を吐き出し、フィンを大きく数回前後に動かして浮力を確保しながら、大きく息を吸い込む。この動作を繰り返すことにより、疲れることなく長時間立ち泳ぎを行うことができる。

　もし、絶えずフィンを動かすようであれば、それに伴い酸素消費量や炭酸ガス産出量が増加するために、激しい呼吸をしなければ苦しくなってしまう。したがって、このような動作をし続けると、肺は絶えず収縮・拡張を繰り返すために、身体は常に浮き沈みをするので、浮力を維持して休むことができなくなる。

5　スクーバ潜水時の呼吸法

　「大きく吸って、大きく吐く」。これを連続的に行うのがスクーバ潜水を行う場合の基本的な呼吸法であるが、慣れてくると「大きく吸ったら、少し息を止めてから吐き出す」といったスキップ呼吸を行うことができるようになる。しかしながら、その際、注意すべきことは、息を止める時間は10～15秒程度とすべきであり、あまり長くすると低酸素症になるおそれがあるので、注意しなければならない。

〈参考文献〉

1　池田知純（1995）『潜水医学入門：安全に潜るために』大修館書店．
2　海洋研究開発機構　海洋工学センター（2008）『改訂第4版　スクーバ隊員のための捜索マニュアル』海洋研究開発機構．
3　海洋研究開発機構　海洋工学センター（2004）『潜水研修テキスト』海洋研究開発機構．

第 5 章

潜水事故とそれに関する考察

　潜水をスポーツやレジャーという観点から捉えた場合、また、陸上における各種の作業と比較した場合、潜水時に発生する事故は、極めて高い死亡率を示すのが特徴である。毎年、全国各地で発生するレジャーダイバーの潜水事故の情報に関しては、一般財団法人日本海洋レジャー安全・振興協会が発行している「〇〇年度潜水事故の分析」に記載されるが、職業ダイバーの事故情報に関しては、年度ごとの報告書が発行されることはない。そのため、その情報を知ることは極めて困難であるが、まれに一般社団法人日本潜水協会が、当該協会に入会している会員向けに発行する報告書に記載されているようである。しかしながら、その情報は当該協会に加入しないスクーバ隊員が目にすることはほとんどなく、その多くはメディアを通じて報道されるものからしか知るほかない。

第1　事故の発生状況

　平成元年〜22年に発生した（所轄の労働基準監督署に届出のあった）職業ダイバーによる潜水事故の件数は81件で、そのうち死亡事故は半数近くの37件であった（図5－1）。ここに示された数字は届出があって表面化したものであるが、それ以外に大事に至ることなく表面化されなかった事故やヒヤリ・ハット事例は、この数値の数百倍若しくは数千倍に達していたことが予測される。

　また、死亡事故の原因についてみると、溺死が圧倒的に多く、かつて、潜水事故の中で最も恐れられていた減圧症や肺破裂に伴う空気塞栓症による死亡事故は、各事例とも僅か1例ずつにすぎなかった（表5－1）。

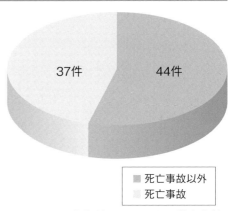

図5－1　職業ダイバーによる潜水事故
　　　　（平成元年〜22年）

　一方、スクーバ隊の事故に目を向けると、平成28年3月現在で、警察関係では8件で9

人が（表5－2）、消防関係では3件で3名がそれぞれ殉職している（表5－3）。

これらの事故で目を引くのは、訓練中の事故が多いことである。特に機動隊の場合は、環境条件がいいプールで3件もの殉職事案が発生していることに注視すべきである。表5－2の5と6の事案に関しては、健康管理上の問題が原因となって発生しているため、潜水隊員を選抜する際の身体的チェックが十分に行われていれば事前に防止できたのではないかと思われるが、詳細な情報がないためにコメントすることはできない。

また、事故の多くが溺死によるものであるが、死に至る経緯については明らかにはされていない。このような潜水死亡事故の情報の多くは、マスメディアによってもたらされるが、そこでは、「死因は溺死でした。事故原因に関しては〇〇が調査中です」などといった結果やその時点での経過のみが報じられ、その後の調査結果が報じられることはほとんどないのが現状

表5－1 職業ダイバーによる死亡事故の原因（平成元年～22年）

事故原因	件数
挟まれ	3
溺　死	15
溺　水	1
窒　息	9
減圧症	1
空気塞栓症	1
一酸化炭素中毒	1
病　死	1
その他	1
不　明	4
合　計	37

表5－2　機動隊員の殉職事案

	場所	事故者数	死因	死亡時の状況
1	池	1名	溺死	訓練中
2	海域	1名	溺死	訓練中
3	河川	1名	溺死	捜索中（水面移動中）
4	海域	1名	溺死	訓練中
5	プール	1名	出血性肺炎	訓練中
6	プール	1名	急性心不全	訓練中
7	海域	2名	溺死	捜索中
8	プール	1名	溺死	訓練中

表5－3　消防隊員の殉職事案

	場所	事故者数	死因	死亡時の状況
1	滝つぼ	1名	溺死	捜索中
2	河川	1名	溺死	訓練中
3	河川	1名	溺死	訓練中

である。このことについては、水中の事故に関しては、目撃情報が得られないことが最大の理由であると考えられ、事故に至った経緯については、あくまでも推測の域を脱することができないために明言できないからだと思われる。

同時に、詳細な情報が流れてこないために、事故を解析することが困難となっているのも事実である。しかしながら、スクーバ隊員が知りたいのは、正に、「どのような経緯で溺死したのか？」という溺死に至った経緯についてであることはいうまでもない。仮に推測であれ、何らかの形で彼らにそのような情報がもたらされ、隊員たちに周知することができれば、事故防止の一助として活用されるに違いない。その際、重要なことは、推測した内容が多くの隊員たちにいかに受け入れられるかということである。

第2 事故やトラブルの原因

先に述べたとおり、スクーバ隊員の潜水による事故やトラブルは、必ずしも現場での活動中にのみ発生しているわけではなく、過去に発生した殉職事案の半数以上がプールや屋外での訓練中に発生している。

そこで、ここでは訓練中と捜索中に発生した、又は発生することが予測される事故やトラブルの原因に触れることとする。

1 訓練中の事故やトラブルの原因

(1) 訓練の強要（過剰な負荷）

指揮命令下で行われる訓練は指揮官及び先輩隊員たちの指導法がいわば絶対的なものであるため、それに逆らうことはできないことが多い。そのため、指揮官から発せられる言動や指示は、潜水が不得手な隊員、特に新隊員にとっては、時として過剰なプレッシャーとなる可能性がある。さらに、隊員たちの体力や技量を超える訓練は、耐え難いほどの苦痛となることさえあり、そこでみせる無理な頑張りがトラブルや事故を引き起こす原因となると考えられる。

(2) 状況判断の見誤り

ここでいう状況判断とは、訓練生たちの行動についてである。訓練中の隊員が頻繁にプールサイドにつかまる、常に浅い背の立つ場所に向かうという行動は、息苦しくなった場合や体力の限界に近づいたときに見られる行動である。また、あえぎながらスノーケル（又はレギュレーター）を口から放す、手足をバタつかせるといった行動は、極限状態に陥った場合にしばしば見られるパニック行動であることを、指導者たちは認識しておかなければならない。そのため、それを見逃したり、無視して訓練を続行するような場合は、重大事故を引き起こす可能性が極めて高くなる。このような場合は、当事者

を直ちにプールサイドに引き上げ、できる限り当日の訓練を休ませるようにすることが肝要である。その後、当事者を訓練に参加させるか否かは、当事者の意思を確認した上で判断すべきである。

(3) 監視及び救助体制の不備

訓練中は、プールサイド及びプール内に監視員又は指導員を配置することが必要であるが、その場合、何を注視すべきかを関係者に周知しておくことが重要である。また、訓練生に事故やトラブルが発生した場合は、どのように対処すべきか、どの場所から引き上げるか、救助後の対応をどうすべきかなどをあらかじめ決めておくことが肝心で、そうでなければとっさの事態に迅速に対応することができなくなる。

2 潜水活動中の事故やトラブルの原因

(1) 状況判断の見誤り

ここでいう状況判断の見誤りとは、現場の環境条件に基づき潜水を実施させるか否かの判断ミス、捜索法の選定ミス、人員配置の判断ミス及び装備の選定ミスなどを指す。中でも最も難しく厄介なのは、環境条件（天候、水流、波高など）が悪い中で人身事故が発生した場合に、潜水をさせるか否かの判断を迫られたときである。

その多くは、現場水域の波高、水流、深度などの自然環境が厳しい場合であるが、そのほかに時間帯や人員の問題などもある。部隊の中には、二次災害を起こしかねないような状況（荒波や急流）の中で救助・回収作業を行ったことがあるという話を耳にしたことがあるが、その良否については意見が分かれるところである。

そのような状況において、最終的な決断は、現場の指揮官や責任者に委ねられることになるが、事前にそのような事態を想定した場合の議論を行うことが必要であり、それに基づき指針を作成し、それを遵守することが望まれる。

(2) 監視及び救助体制の不備

潜水活動時にトラブルが発生した場合、初期の対応が遅れると重大事故を招くので、トラブルの早期発見及び救助体制を確立しておくことが極めて重要である。

潜水活動における監視の基本は、水中のスクーバ隊員がどこにいるのかを確認することである。彼らの位置を確認するのは、通常、呼吸によって吐出される泡を見ることによって行う。また、泡の状態により水中の様子をある程度知ることができる。たとえば、水中を移動している場合は、2～3個程度の泡が進行方向に向かって吐出されるが、1点にとどまる場合（定点時）は、その場から直径1mぐらいの範囲に小さい泡を含んだ多量の泡が吐出される。さらに、浮上する場合は、定点時に発する泡の規模が水面に近づくにつれて大きくなり、水面が盛り上がるようにして泡が吐出するほか、水面のごく近くでは、直径数十cm程度の泡が水面上に数個観察される。

第5章　潜水事故とそれに関する考察

波高が高い場合や水流が激しい場合、それに陸上又は船上の監視員たちから離れた場所では、泡の存在を確認することは困難となるが、このような場合、マーカーブイ（P148　図8－1参照）が有用となる。

なお、パニックに陥った場合は、定点時又は浮上時に観察されるような泡の立ち方と極めて類似しているため、その判別は極めて困難となるが、このような場合もマーカーブイによるサインが有用である。

万一、定点から長時間にわたり連続した大きな泡が吐出され、一向に浮上してくる気配がない場合は、緊急事態が発生した可能性があることも認識し、救助体制や救助後の体制を整備しておくことが重要である。

(3)　ずさんな潜水計画

本来、潜水を実施する場合は、事前に作業計画（潜水計画）を立てて、それに基づいて実施するべきであり、水深10m以深の場所で潜水活動を実施する場合は、必ず潜水計画を作成し、それにのっとって作業をしなければならないことが高気圧作業安全衛生規則（高圧規）で義務付けられている。その際、特に注意すべきことは、そこで設定した深度よりも深く潜らないことや、潜水時間を厳守することである。しかし、スクーバ隊員が行う多くの活動が水深10m以浅の場所であるため、計画を作成しないで潜水活動を実施している部隊も存在するようである。

過去に発生した潜水死亡事故の中には、潜水計画がずさんであったために起きたと思われる事例も多く存在する。特に「残圧ゼロ」となったケースの多くは、潜水深度と当該深度における空気消費量の算出が適切に行われていなかったために起きた可能性が高い。このような事故を未然に防止するためにも、日頃の訓練を通してスクーバ隊員各自が自身の空気消費量を知っておくことが重要である。

また、日頃、透明度の低い環境で潜水活動を行っている隊員たちが、極めて透明度の高い場所で潜水するような場合は、安堵感から油断が生じ、水深計を確認しないまま潜り続ける可能性がある。そのようなことが起きると、当初予定した潜水深度よりも深い場所に到達してしまい、予定時間よりも早く空気を消費してしまうことになる。さらに、窒素酔いにかかるような事態に陥ると、あらかじめ計画していた潜水時間すら分からなくなってしまい、空気を吸い尽くしてしまうことさえあるということも認識しておくべきである。

そのほか、当該潜水で使用する個人装備品や用具は、事前に不具合のないことを点検して、適切に使用することを心掛ける。特に、ドライスーツやフルフェイスマスクのような個人装備品は、ささいなトラブルでさえ重大事故を引き起こす可能性があるので、訓練で使用したことのないものは、決して現場で使用すべきではない。

(4)　訓練不足や経験不足

緊急性を要する場合や過酷な状況（波浪、急水流など）で潜水活動を行うことは、いかにベテランの隊員であろうとも不安が付きまとうものである。それは、自身の技量に対する不安というよりは、むしろ、行動を共にする他の隊員に対する不安であることも少なくない。このような状況で潜水活動を行う場合は、事前に入念な打ち合わせを行うことはもちろんのこと、緊急時の対策についても万全な策を講じておく必要がある。

　訓練不足や経験不足から生じる不安の多くは、度重なる訓練と現場での経験を積み重ねて自信をつけることにより払拭できるが、反面、各自の性格によるところもある。小心でパニックに陥りやすいタイプの人間は、いつになっても不安を払拭することができず、ささいなトラブルでさえパニックに陥って適切な対応ができなくなり、その結果、重大事故を引き起こす可能性が極めて高くなることが予測される。そのため、このタイプの人間は、スクーバ隊員としては不向きであるといえる。

　また、後述する「ヒヤリ・ハット」の事例の中には、あと僅かな時間で絶命していたと思われるケースがあった。その中で、彼らが無事に生還することができた事例の多くは、日頃の訓練の賜物で、それと同時に適切な対応ができたからだということを改めて知る必要がある。

第3　事故やトラブルから溺死に至る原因と経緯

　前述したとおり、潜水死亡事故の多くが溺死によるが、溺死に至る原因と経緯については、いまだ不明な点が多い。そこで、著者は素潜り（スノーケリングを含む。）やスクーバ潜水を行った場合に遭遇する事故やトラブルから溺死に至る原因と経緯についての概要を図5-2・図5-4のようにまとめてみた。

　なお、図中及び解説の中の溺水という表現には誤飲水も含むものとするが、あえて誤飲水と表示したのは、それが大きなウエイトを占めると考えたからである。

1　素潜りのときのトラブルからの溺死に至る原因と経緯

(1)　長時間の潜水

　深く潜り過ぎた場合や獲物の採取などに夢中になって息こらえ時間が予想外に長引いてしまった場合に起こる。この場合は、低酸素症から意識喪失に陥り溺水するケースと、パニック状態になり溺水し、溺死するケースが考えられる。

(2)　水中拘束

　潜水中に漁網や海藻などに絡まったり、岩穴から抜け出すことができなくなってしまったときなどに起こる。水中拘束になると、ほぼパニック状態になることが予想され、その直後に溺水し、溺死するケースが考えられる。また、拘束時間が長引いた場合

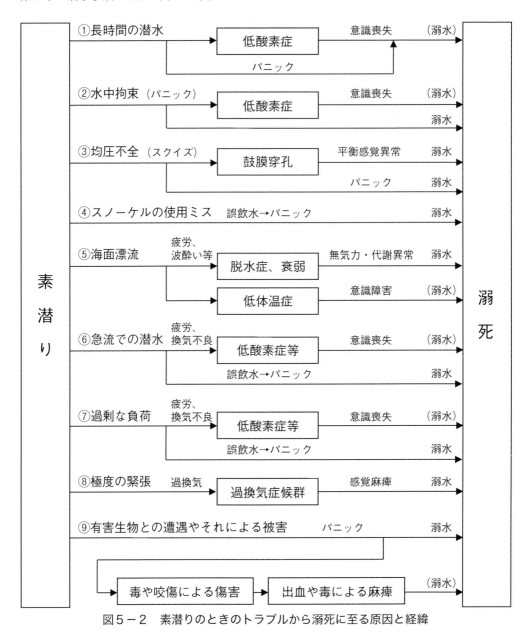

図5-2　素潜りのときのトラブルから溺死に至る原因と経緯

は、低酸素症から意識喪失に陥り溺水し、溺死するケースが考えられる。したがって、素潜りを行う場合はバディ索や命綱のようなものにより拘束される危険があるので、携行すべきではない。

(3) 均圧不全

均圧不全とは、体内と体外、それに体表に接して空気が存在する箇所（ドライスーツの内部やマスクの内部）と外部との圧力の均衡が保たれない状態のことで、結果的にスクイズを引き起こす。万一、耳抜きがうまくできないまま無理をして潜降し続けると中

耳腔スクイズを引き起こし、耳の痛みが生じる。それにもかかわらず、さらに深く潜り続けると鼓膜穿孔を引き起こす。このような状況に陥るとしばらくの間（鼓膜内部に侵入した水が体温で温められるまでの間）、平衡感覚に異常を来し、最悪の場合は、重大事故を引き起こす可能性がある。また、副鼻腔炎がある場合は、副鼻腔（前頭葉から側頭葉にかけて存在する空洞）のスクイズを引き起こす。そのほか、マスクブローがうまくできない状態で深く潜り続けるとマスクスクイズを、ドライスーツ内の空気が少ない状態で深く潜り続けるとドライスーツのスクイズを引き起こす。このようなスクイズが原因でパニックに陥り、溺水し、溺死するケースが考えられる。

(4) スノーケルの使用ミス

スノーケルを使用した際に呼吸のタイミングが狂い、誤って水を飲みこむことがある。その場合、背の立つ場所やつかまることのできる場所であればそれほど大きなトラブルに発展することはないが、そうでない場所では、パニックに陥り、溺水し、溺死するケースが考えられる。当該事故の多くは初心者にみられるが、時化の海域などで不規則な波が立っている場合は、ベテランでさえ同様のトラブルに見舞われる可能性がある。

(5) 海面漂流

急激な潮の流れに巻き込まれたり監視船を見失うなどして、長時間の漂流を余儀なくされることがある。この場合は、低体温症に陥るケースや、疲労や波酔いによる無気力感から溺水したり、脱水や誤飲水などにより代謝異常などを引き起こして溺水し、溺死するケースが考えられる。

(6) 急流での潜水

急流域で流れに逆らって泳いだり、潜水したりする場合は、短時間でも極度の疲労や息切れなどによって溺水し、溺死することがある。また、技量不足や不安などがある場合は、作業量（特にフィンキック）に比べて呼吸量が増加し、過換気となることもあり、過度の場合は金縛り状態に陥り、溺水し、溺死するケースが考えられる。

(7) 過剰な負荷

これは初心者や体力のない者たちを対象としたプール訓練の際に、彼らの能力（体力）を超えるような運動負荷をかけた場合に起こり得るパターンである。具体的には、過剰なウエイトを持たせての立ち泳ぎやネックレス[*1]による泳法などがある。その際、フィンキックがうまくできない場合や焦りによって十分な呼吸が確保できないような場合は、パニック状態に陥り、周囲の水を誤飲する。それだけではなく、浅くて速い激し

---

*1　自身のウエイトベルトを身に着けたまま、バディのウエイトベルトを首に掛ける状態で、通常は3点セットでの水面泳法時に行う。

い呼吸（あえぎ）をするために十分な換気ができず低酸素症に陥り、溺水し、溺死するケースが考えられる。

(8) 極度の緊張

極度に緊張することで過換気になったり、呼吸のリズムが一定でなくなったりして溺水し、溺死するケースが考えられる。特に過換気によって過換気症候群が誘発されるような場合は、しばらくして手足のしびれが出現し、極度の場合は金縛り状態となり、思いどおりの行動ができなくなってしまうことさえある。

極度の緊張は、訓練中の初心者たちにまれにみられるが、その多くは与えられた課題を達成できない場合の焦りや、顔面が直接水に触れることによる恐怖心などによって起こることが多い。

(9) 有害生物との遭遇やそれによる被害

予期せぬ有害生物に遭遇した場合は、いかにベテランの隊員であってもパニックに陥り、焦りや呼吸の乱れなどが起こり、それにより溺水し、溺死するケースが考えられる。また、これらから直接被害（毒による麻痺や咬傷による出血など）を受けた場合は、死に至ることもある。図5－3は集光性のあるダツによってもたらされた事故であるが、この種の事故は鹿児島県以南の地域において、夜間潜水を行う場合にしばしば発生するために、ダツは地元の漁師たちにとっては、サメよりも恐れられる存在となっている。

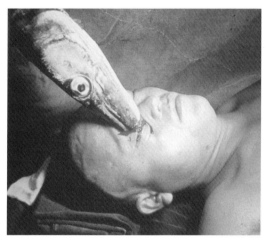

図5－3　ダツによる事故

写真出典：『海洋咬刺傷マニュアル』（著者：小浜正博／発行：ピークビジョン）

2　スクーバ潜水のときのトラブルから溺死に至る原因と経緯

スクーバ潜水では、「1　素潜りのときのトラブルから溺死に至る原因と経緯」の中の「(4)　スノーケルの使用ミス」を除く全てのケースに加え、図5－4のような経緯により溺死に至ると考えられる。そこで、ここでは素潜りのときと同様のケースであっても内容が異なる場合と、スクーバ潜水時のみ発生する事例について述べることとする。

(1) 長時間の潜水

作業中に残圧計のチェックを怠ったり、視界不良の状態で残圧計を確認できないような場合、水中拘束などにより長時間の潜水を余儀なくされた場合は、ボンベのガスを使

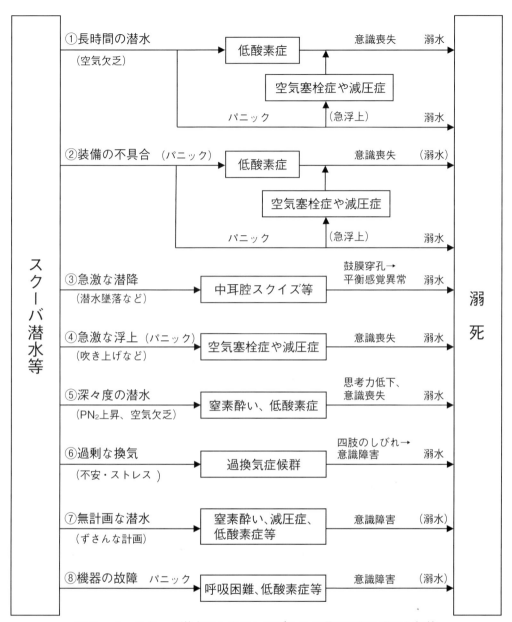

図5-4 スクーバ潜水のときのトラブルから溺死に至る原因と経緯

い切ってしまいパニックに陥って溺水し、溺死するケースが考えられる。また、前記のようなトラブルにより、極端に残圧が少なくなる場合は、急浮上して減圧症や肺破裂を引き起こし、それが原因で死亡することや、溺水し、溺死するケースも考えられる。

(2) 装備の不具合や取扱いのミス

装備の取扱いで最も多くトラブルが発生するのは、BCとドライスーツの取扱いである。特にドライスーツの場合は、ウエットスーツを使用するときよりもオーバーウエイトの状態で入水するため、BC内の空気の出し入れを誤ると潜水墜落や吹き上げを起こ

すことがある。その場合、溺水・溺死といった経過をたどることはまれであると思われるが、スクイズによるパニックや減圧症などによる意識障害が生じた場合は、溺水し、溺死するケースが考えられる。

(3) 急激な潜降

　ここでは、ドライスーツを着用したときに身に着けた装備（主にウエイト）の重量に比べてスーツ（BCを含む。）内に給気する空気の量が少ない場合や自身のボンベがベルトから外れたりして急激に深みに落下することなどを指す。このようなトラブルを潜水墜落というが、これが起こると様々なスクイズが発生し、中でも鼓膜穿孔を起こした場合は、平衡感覚異常に陥り、溺水し、溺死するケースが考えられる。

(4) 急激な浮上

　急激な浮上によって起きるトラブルの中で特に恐れられているのは、吹き上げや、水中でパニックに陥った場合に、息を吐き出さずに浮上する場合に起こる肺圧外傷である。このような場合は、肺破裂による空気塞栓症を引き起こしたり、減圧症を引き起こして死に至る場合や、それにより溺水し、溺死するケースが考えられる。そのほか、BCのバルブ操作やドライスーツの取扱いを誤った場合にも同様のことが起こる可能性がある。

(5) 深々度の潜水

　水深計による深度の確認を怠ったり、周囲の光景などに見とれたりして空気潜水の許容深度を超えて潜水するようなことになると、呼吸ガス（空気）中の窒素分圧（PN_2）が上昇し、窒素酔いにかかることがある。そのような状況に陥ると適切な行動やとっさの判断ができなくなるばかりか、極度の場合は、多幸感のあまり、レギュレーターを口から離すといった信じ難い行動をとることがある。また、極めて透明度が高く、波浪や流れもない穏やかな場所で潜水するような状況では、安心感から油断が生じ、予想外の深度まで潜水してしまうことがある。そのような場合は、深度の増大に伴う空気消費量の増加により、予想外の早さで空気を吸い尽くしてしまい、溺水し、溺死するケースが考えられる。

(6) 過剰な換気

　この種のトラブルは、新隊員の訓練中や経験の浅い隊員が捜索活動を行う際に、極度の緊張や焦りなどが生じた場合に発生する。過剰な換気（過換気）により重度の過換気症候群に陥ると、手足の自由が利かなくなるばかりか、レギュレーターをしっかりくわえていることさえ困難になり、溺水し、溺死するケースが考えられる。

(7) 無計画な潜水

　水深10m以深の場所で潜水を行う場合は、潜水計画を作成し、それを遵守して作業を実施しなければならない。その際、最も重要なことは、予定している潜水深度と作業内

容に基づく空気消費量の見積り*² であり、そこから算出した潜水作業時間（又は浮上開始時間）をあらかじめ関係者全員に周知しておくことが重要である。この種の事故で最も多いのは、ずさんな潜水計画により、ボンベのガスを吸い尽くしてしまったために水中で空気の供給が絶たれ、それにより溺水し、溺死することである。また、それと同時に空気の残量が少なくなることによりパニックに陥って急浮上をし、その結果、減圧障害や肺破裂を起こし、溺水し、溺死するケースも考えられる。

(8) 機器の故障

　機器の故障で最も危惧されるのは、レギュレーターのトラブルである。メンテナンスが行き届いていれば潜水中にトラブルを起こすことはないであろうが、そうでない場合は、内部の部品の劣化などにより、思いどおりの給・排気ができなくなる可能性がある。万一、水中でそのようなトラブルが発生した場合は、パニックに陥り、その結果、呼吸困難、低酸素症となり、溺水し、溺死するケースが考えられる。また、レギュレーターに衝撃を与えた場合にも、思い掛けないトラブルに見舞われることがあるので、その取扱いは慎重に行うべきである。

　次いで、著者はマスメディアによって大きく報じられた２件の潜水事故の情報を基に、事故に至った経緯について独自の観点から検証することを試みた。この試みは、同様な事故を２度と繰り返さないように、という思いに駆られ、警鐘を鳴らすためにあえて行うものであり、あくまでも私見である。

　そのため、もしもこの私見に対して異論のある方は、忌憚（きたん）のない意見をお聞かせ願いたい。

---

*２　空気の消費量には個人差があるため、訓練などを通して空気消費量を測定し、各自の消費量をあらかじめ知っておくことが望まれる。
　　空気消費量の測定は、スクーバ器材を装備してボンベ内の空気を吸いながら水面を30分間遊泳させ、「（遊泳前の残圧－遊泳後の残圧）×ボンベの容積／遊泳時間」から求めることができる。その際、留意すべきことは、測定したときの場所や条件をしっかり把握しておくことである。捜索現場では、流れや波の影響も無視することはできず、さらに、緊張や不安といった条件が重なると、空気消費量はより多くなることを忘れてはならない。ちなみに、プロダイバーたちが潜水作業を行うときの（大気圧下での）１分間の空気消費量は、25～30Lとして見積もることが多い。

第4　事故事例に基づく考察

1　捜索中に発生した事故

(1) 事故の概要

　行方不明者の捜索のため、2名の隊員（A、B）がバディによる捜索活動を実施した。現場は透明度が20m程度で、波も流れもない穏やかな海域であったが、湾の形状から海底は、すり鉢状であったと思われ、最大水深は40m程度であった。

　1度目の潜水は水深20～30mのところで40分程度の捜索を行ったが、行方不明者を発見することができなかったため、場所を移動して2度目の潜水を実施した。このとき、Aは12L、Bは14Lボンベを使用し、共に空気は満タン（20MPa＝200kg／cm^2）の状態であったため、指揮官は、「水深20m程度の場所で20分間の潜水を行うように」と指示をした。

　ところが、潜降を開始した場所は、水深が35mもある場所となってしまった。潜水を開始した直後から船上の監視員が浮上してくる泡を監視していたが、「潜水を開始して15分程度経過したとき、突然、直径3mほどの大きな泡が1分程度水面に噴出した」後に泡が確認できなくなった。その直後に船上にいたダイバーたちが救助に向かったが、2名の隊員は水深37mの海底で互いの肩を抱くような格好で息絶えていた。

　直ちに彼らを船上に引き上げ、近隣の病院に搬送したが、両名の死亡が確認された。死因は共に水死と断定された。

　病院に搬送された際に行われたCT検査で、両者の体内から多量の気泡が確認されたことから、捜査一課などは、「一方の呼吸装置などにトラブルが生じ、バディブリージングをしながら急浮上したために減圧症にかかり、意識を失って溺水した」と結論付けた。特に、水死前に減圧症が発症したことを強調した。

　この見解に関して、周囲からは疑問視する声が多く聞かれたものの、それらの意見は、受け入れられなかった。

　なお、収容されたときのボンベの残圧は、Aが1.5MPa、Bが5.0MPaで、装備などに異常はみられなかった。事故発生直後の新聞には「両者が使用していたのは20MPaタイプのボンベであるため、空気が満タンに充填されていれば水深40mで40分間の潜水が可能であった」と関係者のコメントが掲載された。しかしながら、この記事に対しては、著者自身大きな疑問を抱かざるを得なかった。

(2) 当該事故に関する検証と疑問

　事故発生直後、著者は事故に遭遇した隊員たちの装備について、関係部署を通してウ

エイトベルトの着用の有無とBCの給気の有無の確認を行った。その結果、両者ともウエイトベルトは着用したままで、BCには給気がされていないとの報告を得た。その時点で、著者は、「2名の隊員は浮上できなかったのではないか？」という疑問を抱いたが、確証を得ることはできなかった。疑問を抱いた理由は、以下による。

〇ウエイトベルトを着用したままであったこと。
〇BCに給気がされていなかったこと。
〇バディブリージングの姿勢であったこと。
〇水深が37mであったこと。
〇透明度が極めて高かったにもかかわらず、浮上するダイバーが船上の監視員によって確認されなかったこと。

　ウエイトベルトを着用した状態やBCに給気をしない状態では、浮力を確保するのは難しく、さらにバディブリージングの姿勢では、たとえ5mのプールの底からでさえ浮上するのにかなりの労力を要する。また、水深37mの海底では、水圧の影響によってウエットスーツの生地が圧縮されるために浮力が小さくなる。このようなことは、浮上を困難にする大きな要因となる。

　警察の最終的な見解では、急浮上により減圧症が発症したとしているが、これに対し異論を唱えた一部の専門家は、減圧症ではなく肺破裂が起こったことを示唆した。しかしながら、それについても疑問が残る。それは、減圧症や肺破裂といった障害は、ほとんどが浮上後に発生するものだからである。

　すなわち、前記の見解は、2名の隊員が浮上したことを前提に推測が行われているが、それも不可解なことである。それは、透明度が20m以上もあったにもかかわらず、浮上してくる隊員たちの姿が船上の監視員によって確認されていなかったからである。さらに、バディブリージングをしながら浮上した隊員が再度海底まで沈む場合、その姿勢を保持できるであろうかということである。

　当該事故に関しては、翌年になって、事故発生当時に船上の監視員をしていた隊員から、「底の方から泡が上がってくるのは確認できたが、隊員たちの姿は見えなかった」という証言を得た。このことからも、両者が水面まで浮上してきていないことが明らかとなった。

　そのほかに注目すべき点は、「潜水を開始して15分程度経過したとき、突然、直径3mほどの大きな泡が1分程度水面に噴出した」という目撃情報である。これに関しては、以下のことから、その時点でバディブリージングを開始したのではないかと推測される。

　A、Bがそれぞれのボンベに空気を充塡し、リザーブバルブをセットした状態で大気

圧下の空気消費量を毎分25Lとして潜水時間を算出すると、以下のようになる。

〈Aの場合〉
$$\frac{12(\mathrm{L}) \times (20-3)(\mathrm{MPa}) \times 10}{25(\mathrm{L/min}) \times 4.7(\mathrm{ata})} \fallingdotseq 17(\mathrm{min})$$

〈Bの場合〉
$$\frac{14(\mathrm{L}) \times (20-3)(\mathrm{MPa}) \times 10}{25(\mathrm{L/min}) \times 4.7(\mathrm{ata})} \fallingdotseq 20(\mathrm{min})$$

Aの17分という時間は、水面に直径3mほどの大きな泡が噴出した時刻（潜水開始後約15分）と近似する。

なお、両者のリザーブバルブは共に上がった（作動させない）状態であったとの情報を得たが、収容されたときのAの残圧が1.5MPaであったことからすると、少なくともAはリザーブバルブを作動させており、何らかの理由によりそれが上がってしまったものと思われる。

(3) 事故に至った経緯についての考察

当該事故は、潜水深度の増大に伴う空気消費量の見積りを誤り、海底で酸欠状態に陥ったために発生した事故で、次のような経緯を経て溺死に至ったと思われる。

1　当初予定した深度よりも深い場所で潜水を行ったために空気の消費量が増大し、予想外に空気が早くなくなり、Aは呼吸がしづらくなった。そのときの残圧は3.0MPa近くになっていた可能性が高い。

2　Aは慌ててリザーブバルブを下げたものの、呼吸がしづらくなった不安から、自らのレギュレーターを放置し、Bにバディブリージングを要請した。その際、Aが放置したレギュレーターのマウスピースが上向きになったためにガスが噴出し続け、水面に直径3m程度の泡を生じたと思われる。

3　しばらくバディブリージングを試みたが、お互いがそれに対する準備や事前の取り決めを行っていなかったために、訓練のようにはうまくできなかった。その間、何度か浮上を試みたものの、バディブリージングの姿勢であったことやウエイトベルトを装着したままであったことなどの理由により、ほとんど浮上することができなかった。

4　思いどおりにバディブリージングができなかったために、共に低酸素症となって意識を失い、浮上することなく呼吸停止に陥った。

死因については、次のように推測することができる。

> 噴出する泡が停止した直後に船上にいたダイバーが救助に向かい、両者を船上に引き上げた。しかし、すでに心肺停止の状態であり、搬送した病院で行ったCT検査で、両者の体内から多量の気泡が確認された。

　この件に関し捜査一課などは、「バディブリージングをしながら急浮上したために、減圧症にかかり、意識を失って溺水した」と結論付け、水死前に減圧症が発症したことを強調した。

　しかしながら、この見解には大きな誤りがあったと思われる。それは、体内に確認された泡は「37mの海底で高圧の空気を吸っていたことを示す生活反応」にほかならず、その時点で生存していたものの、その後、海底で死亡した可能性があることが全く問題視されなかったことである。さらに、前記した様々な状況により、浮上しにくい状態であったことが認識されていなかったことや、船上の監視員からの情報を得ていなかったことも問題である。

　また、体内に多量の泡が確認されたことや、下げた（作動させた）はずのリザーブバルブが上がっていたことについては、ア・イのように推察することができる。

ア　体内の多量の泡について

　海底で呼吸停止に陥った隊員たちは、救助に向かったダイバーたちによって急激に引き上げられたため、体内に溶けていたガスが気泡化し、あたかも減圧症のような様態を示したと思われる。

　そもそも減圧とは、体内に溶け込んだ高圧のガスを浮上中（減圧中）に呼吸をすることにより、肺から体外へ排出することであるから、呼吸が停止した状態の人間を海底から引き上げれば、体内で気泡が発生するのも当然のことである。

イ　リザーブバルブについて

　また、リザーブバルブは、セットした状態であれば、ボンベの残圧が3.0MPaになった時点で空気の供給が途絶えるようになっている。そのため、残圧が1.5MPaになっていたAは、必ずそれを作動させていたはずであるが、上がった状態であった。それは、船上の隊員たちがパニック状態でAを引き上げた際に、何かの拍子に上がってしまったのではないかと考えられる。

(4)　まとめ

　当該事故は、指示された潜水深度よりも深い場所で潜水を行ったために、予定していたよりも早く空気が消費されたことにより起こったと考えられる。当初、指揮官から指示されたのは、「水深20mで、20分間の潜水」であったが、それよりも深い場所に潜ってしまったために、空気消費量が増加してAが呼吸困難となり、パニック状態に陥っ

た。直ちにバディブリージングを試みたが、急な出来事であったためにうまく行うことができなかった。その間に何度か浮上を試みたものの、浮上を妨げる様々な要因が重なったためにそれすら困難となり、間もなくして低酸素症に陥り、絶命したと思われる。

なお、両者の体内に多量の泡が認められたが、これは呼吸することなく浮上したために発生したものであり、呼吸停止後に発生した泡であったと考えられる。

2　アンカーの撤去作業中に発生した事故

(1) 事故の概要

水深57mの海底に設置されたコンクリート製のアンカーを撤去するために3名のダイバー（A：作業員、B：作業員、C：連絡員）が潜水を行った。潜水を開始して17分が経過したとき、Cから「作業ストップ」という指示があったが、その後、一切の連絡が途絶えた。それから約3分経過した後にAが、その5分後にBが共にうつ伏せの状態で水面に浮かび上がってきた。その約1時間後にCが海底から救助されたが、全員死亡した。彼らが使用していたボンベは、BとCが14L、Aが12Lボンベであったが、死亡時の残圧は共にゼロであった。

事故発生直後の報道では、彼らが使用していたボンベは12Lと14Lと報じられたが、誰がそれを使用していたかは明らかにされなかった。そのため、著者は作業量の多いAとBが14Lボンベを使用し、作業量の少ないCが12Lボンベを使用していたと思っていたが、そうでなかったことが極めて意外であった。

解剖の結果、A、Bは溺死、Cは急性窒息死であったと発表された。

(2) 当該事故に関する検証と疑問

当該事故で注視すべきことは、全員の残圧がゼロであったことである。本件について考えられることは、「当該深度における空気消費量の見積りが甘かったのではないか」ということである。

また、それと同時に「空気消費量をどの程度に見積もっていたのか」という疑問が生じる。

そのヒントとなるのは、事故発生直後の「空気の消費量は人それぞれで、経験豊富なダイバーだと、水深60mでは10Lの空気で28分間潜れる」というテレビニュースの報道である。このコメントはもちろん関係者（レジャーダイビングのインストラクター）のものであったと思われるが、「10Lの空気で28分間潜れる」というのは明らかな間違いで、「10Lのボンベに空気が満タン（20MPa）に充填されていれば28分間潜れる」というのが実際のコメントであったと思われる。

それにしても、この報道を耳にした人たちの中には、「それよりも容量の大きなボン

べを使用していたベテランのダイバーたちの空気が、なぜこれほどまでに早くゼロになってしまったのだろう」という疑問を抱いた人がいたに違いない。

また、前記のコメントに関しては、著者自身も疑問をもったが、著者の知人である職業ダイバーたちからも「考えられない」という意見が多く聞かれた。それは、そこで述べられた潜水が可能であるとされた時間は、BCジャケットを活用してドリフトダイビングを行うレジャーダイバーたちの空気消費量（10L/分）により算出した時間であり、「28分間」という時間は、次のようにして算出されたと思われるからである。

$$\frac{10(\mathrm{L}) \times 20(\mathrm{MPa}) \times 10}{10(\mathrm{L/min}) \times 7(\mathrm{ata})} \fallingdotseq 28(\mathrm{min})$$

これを、職業ダイバーたちの空気消費量に当てはめること自体がナンセンスである。

先に述べたとおり、彼らは、作業中の空気消費量を25〜30Lと見積もるので、今回の作業時の空気消費量を25Lとし、12Lボンベを使用した場合に浮上時の残圧を監督者が指示した5MPaとしたときの潜水が可能な時間は、

$$\frac{12(\mathrm{L}) \times (20-5)(\mathrm{MPa}) \times 10}{25(\mathrm{L/min}) \times 6.7(\mathrm{ata})} \fallingdotseq 10(\mathrm{min})$$

となる。

同様に、14Lボンベを使用した場合に浮上時の残圧を5MPaとしたときの潜水が可能な時間は、

$$\frac{14(\mathrm{L}) \times (20-5)(\mathrm{MPa}) \times 10}{25(\mathrm{L/min}) \times 6.7(\mathrm{ata})} \fallingdotseq 12(\mathrm{min})$$

となる。

周知のとおり、これらの時間には潜降時間（10m/min）が含まれるので、実際に海底で作業を行うことのできる時間は、前記の時間から6分を減じた時間となる。このような短時間で、水面から降ろされた重い鉄の塊ともいえるフックを、アンカーに取り付けることができただろうか。

作業手順などに関しては、当日、現場責任者から事前説明が行われたようであるが、その際、ダイバーをはじめ、関係者から潜水計画などに関する質問が行われなかったのかが疑問である。

当該事故に関しては、潜水を開始して17分後に「作業ストップ」という指示があったことから、この時点では、3名が生存していたと考えられるが、それは、前記の式における3名の空気消費量（L/min）が25L以下であったからだと考えられる。

しかしながら、着底後、作業を開始して間もなく彼らの残圧が極めて少なくなったことが予測される。そして、それに気づいたA（又はB）が残りの空気を利用して慌てて急浮上したものの、Cの残圧はゼロに近かったために、浮上することさえできなかった

第5章　潜水事故とそれに関する考察

と考えられる。

(3) **事故に至った経緯についての考察**

当該事故はずさんな潜水計画により、水中で空気が欠乏したために発生した事故で、次のような経緯を経て、死亡事故につながったと思われる。

潜水深度が深く、しかも、重作業を行うことになったために予想外に多くの空気を消費した。

特に12Lボンベを使用していたAは、残圧が極度に低下したためにパニック状態に陥り、連絡員に「浮上する」というサインを送ることなく急速に浮上を開始した。

その光景を目にしたCは、「作業ストップ」という指示を出したが、BもAの後を追うように急浮上を開始した。

その時点でCの残圧は、極度に低下しており、水面近くまで浮上することができなかった。

AとBが水面に浮かんできたのは、ある程度の残圧があったことにより、水面近くまで浮上してきたからである。しかしながら、水面に到達する前に空気欠乏の状態に陥り、意識喪失となり、水面に浮上した。

最も早く浮上してきたのは12Lボンベを使用していた作業員のAであった。

これに対し、Cは彼らの行動を見て、「作業ストップ」という指示をしたものの、その後の通信が一切途絶えたことから推測すると、自身の残圧はゼロに近い状態になっていたために浮上することさえできずに絶命したものと考えられる。

---

(4) **まとめ**

最初に浮上したのがAであったことからも、空気消費量の見積りの甘さ、すなわち、ずさんな潜水計画により発生した事故であったと思われる。

事故後の新聞記事に、関係者の談話として「あの程度の深度での潜水は過去にも行ったことがある」とあったが、そのときの装備（使用したボンベの容量や充塡圧力）や作業内容が今回と同じであったとするならば、過去に何も起こらなかったことがむしろ幸運であったといえるだろう。水深60m近い深度で潜水作業を行う場合は、「窒素酔い」にかかるリスクが高まるために、呼吸ガスは空気ではなくヘリウムと酸素の混合ガスの使用を考慮する必要がある。

さらに重要なこととして、このような深海でシングルボンベにより潜水作業を行うことは、極めて危険な行為であることを認識しておかなければならない。潜水作業は、残圧に余裕をもたせて行うべきである。

〈参考文献〉

1　相澤俊郎（2004）『潜水作業の事故例と防止策について』、潜水、60号、42-46.

2　小浜正博（1995）『海洋咬刺傷マニュアル』ピークビジョン.

3　海洋研究開発機構　海洋工学センター（2008）『改訂第4版　スクーバ隊員のための捜索マニュアル』海洋研究開発機構.

4　海洋研究開発機構　普及・広報課（2004）『潜水研修テキスト』海洋研究開発機構.

5　中央労働災害防止協会（2015）『潜水士テキスト―送気調節業務特別教育用テキスト』中央労働災害防止協会.

第6章

ヒヤリ・ハットの事例とそれに対するコメント

　スクーバ隊員が行う潜水活動は、過酷な条件下での潜水作業を強いられることがあるため、それを安全に遂行するためには、日頃の訓練を通して様々な状況に対応し得る技術を培っておかなければならない。

　初心者（訓練生）に対しては、通常、プールでの基礎訓練を繰り返し実施した後に河川や海洋での応用訓練（基礎訓練を含む。）を行うが、その場合、たとえ基礎訓練であろうとも、かなりハードな内容が組み込まれることが多い。本来ならば、スクーバ隊員として選抜された者たちはそのようなハードな訓練に対し、苦しみ、耐えながらも与えられたテーマをクリアして一人前のスクーバ隊員となるが、中には、技術的・体力的に劣るために極限状態で訓練に臨む者さえいる。そのような隊員は、不安やできないことに対する焦りなどから精神的に追い詰められ、ささいなことでさえパニックに陥ることがあるため、指揮官や指導員は、そのような隊員を常に注視しておく必要がある。

　ヒヤリ・ハットはそのような隊員に多くみられるが、一方で、ベテラン隊員であっても、油断や無理な頑張り、それに不測の事態などで起こることが少なくない。訓練中であれ捜索中であれ、潜水事故における殉職事案の場合はメディアで報じられることがあっても、ヒヤリ・ハットの事案については、たとえ、あと数秒で命を落としかねないような重大事故であっても、表面に出ることはない。それは、多くの部隊が自隊の失態を「恥」として表面化させたくないからだと考えられる。したがって、当事者及びその周辺の者たち以外は、その状況を知ることはできない。

　ところが、そのような事案は周知されなければ「同様のことがまたどこかで起こる」可能性が高いのである。

　そこで、今回、著者は二度と同様のトラブルを起こしてはならないという思いに駆られ、自身が観察したことに加え、他の機関で発生したヒヤリ・ハットの事例を多くの人たちの協力を得て入手したので、ここに紹介する。

　なお、ヒヤリ・ハットの内容は読者の方々にそのときの状況を極力理解してもらうために、できる限り詳細に記述した。また、各事例における「**コメント**」は、著者の考えやその後の対策等について述べたものである。

第1　プールにおける訓練時のトラブル

1　ボンベによるけが

　訓練中の隊員がボンベを装着する際に、他の隊員の頭部にそれが当たってしまったというトラブル。

　訓練生がプールサイドでボンベを装着（オーバーヘッドのスタイル）しようとしたところ、ハーネスに取り付けたベルトが絡まってしまった。そのため、それを外すのに多少の時間を要した。

　当初は周囲の安全確認をした後にボンベの装着を試みようとしたが、その後は再度の安全確認をしないままボンベを装着しようとした。その結果、後方を歩いていた当事者の頭頂部にボンベが当たり、縫合をしなければならない程のけがを負ってしまった。

コメント

　本事例は、単なる注意不足によって起こされたものである。以後、ボンベ装着時には十分に周囲の安全確認を行うように指導している。

　なお、本事例が発生したときはハーネスを使用していたために、隊員たちがボンベを装着する際は、オーバーヘッドのスタイルでの装着法が一般的に行われていた。しかし、近年はBCを使用することが多くなったことにより、前記の装着法はほとんど行われないため、この種のトラブルはほとんど起こらなくなった。

2　ネックレス*¹泳法時に発生した意識喪失

　フィンを履かない状態でネックレスでの周泳訓練を行った際に発生したトラブル。

　本事例は、3日間の日程で実施した潜水訓練の2日目の午後に発生した。当事者（20歳の新隊員）はプール（長さ23m、水深3.7m）で、下記に示すような一連の基礎訓練を終えた後、両足のフィンを外した状態でのネックレスの終盤（残り2mの地点）での周泳訓練の最中に水没した。

　当日の主だった訓練内容は、次のとおりである。

○午前：平泳ぎ50m、水面泳法、30秒素潜りインターバル10回、マスク・フィン等のリカバリー
○午後：エアーステーション、フィンなしネックレス（本人のウエイト6kg＋バディのウエイト6kg）を負荷して平泳ぎで3往復（約130m）

　水没後、即座にプールサイドに引き上げたが意識混濁の状態であったため、救急車にて病院に搬送した。その後、1週間の入院加療を行った後、自宅療養を行い復帰した。

コメント

　事故発生時に行っていた「フィンなしネックレス」の訓練は、訓練全般を通してみた場合の目的が不明瞭である。各所属で行う訓練は、「何のために行うのか」というはっきりとした目的を持って行うべきである。単に「いじめ」としか理解されないような訓練は、実施すべきではない。

＊1　3点セットで、自身のウエイトベルトを装着したままでバディのウエイトベルトを首に掛けた状態。フィンキックでの泳力を試すため、通常は水面泳法の際に実施する。

第1　プールにおける訓練時のトラブル

3　ネックレスでの立ち泳ぎ中に発生した意識喪失

ネックレスでの周泳訓練を終えた直後の立ち泳ぎの訓練中に発生したトラブル。

当事者は、潜水技術が初級程度の隊員で、ネックレスによるプールの周泳訓練に引き続き行ったネックレスでの立ち泳ぎの際、開始直後に水深5mのプールに水没していった。

そのとき、異常に気付いた周囲の者たちが即座に当事者をプールサイドに引き上げたが、当事者はすでに心肺停止状態に陥っていたため、その場で心臓マッサージを数回試みたところ、蘇生した。

心肺停止に至るまでの経緯について、当事者は次のような話をした。「当日の午前中、仕事上の失敗から上司に叱られ、精神的にかなり滅入った状態になっていたが、その状態が癒えぬまま、午後からの潜水訓練に参加した。一連の訓練を終えた後、不得手なネックレスの訓練を行ったが、自分なりの頑張りでノルマを達成することができた。ところが、その直後に予想外のネックレスでの立ち泳ぎを行うことになり、張り詰めていた緊張感が一気に失われてしまった」ということであった。

コメント

本事例は、体力のみならず、不得手な訓練に対する強度のプレッシャーといったメンタルな要因が深く関与したと考えられる。このような事故が発生した場合、多くの当事者は水に対する恐怖心が宿り、その後の潜水訓練に対し消極的になる。そのため、当事者を以後の潜水訓練に参加させるか否かについては、指揮官等があらかじめ本人の意思（やる気）を確認し、体力やメンタルの面で問題がないかを確認した上でなければ決して参加させてはならない。本人の意思に反し、強制的な指導を行うと、このような隊員はささいなトラブルでさえ他の隊員たちを巻き込むような重大事故を招きかねない。

また、本事例は、スクーバ隊員たちに対する訓練をどの程度まで厳しく行うべきなのか、といった訓練の難しさを提起した事案であるともいえる。各隊で実施している訓練、

特に新隊員に対する訓練は、一個人に対してではなく、数名又は数十名の隊員たちを対象に行われるため、全員が同じレベルで訓練を行い、修了するわけではない。特に初心者を対象とした場合は、出来の善し悪しに差が出ることがしばしばある。その差の多くは、体力や泳力の有無、息こらえ時間の長短によるものであるが、水に対する恐怖心の有無といった問題も無視することはできない。そのような場合、潜水に関する技術や体力が劣る隊員は、我々が予想する以上のプレッシャーを感じ、ストレスを感じているということを指揮官たちは知っておかなければならない。

　本来、救助隊員として活躍する隊員たちは、日頃から身体を鍛えているために、一般人とは比較にならない程の体力の持ち主であるので、技術の差は頻繁に訓練を重ねることにより、間違いなく解消することができるのである。それにもかかわらず、上達しない隊員がいる場合は、本人の技術習得力の問題のほか、指導法にも問題があるのかもしれない。

　著者たちは、これまでに多くのスクーバ隊員たちを指導し、輩出してきたが、指導する上で特に注意したことは、次のとおりである。

○水を怖がるようであれば、その恐怖心を払拭させる。具体的には、いざ、という場合、どのようにしたら自力で助かることができるのかということを教える。
○焦らせることなく、繰り返し不得手な訓練を行わせる。
○むやみに大声を発し、ストレスを与えるようなことはしない。
○日頃から、ある一定時間、息を止める訓練を行わせ、息こらえ時間を長くさせる。
○訓練内容の意義を明確に伝える。

　これらを励行することにより、間違いなく訓練効果は向上する。

4 立ち泳ぎによる重量物保持時に発生した意識喪失

水深5mのプールで、当事者はスクーバ器材を装着した状態で約8kgのウエイトを保持し、スノーケルによる立ち泳ぎを行っていた。

その際、片足のフィンが外れてしまったため、ウエイトを他の隊員に手渡して、自らボンベのガスを呼吸しながら潜水してフィンを取りに行った。プールの底で外れた片フィンを装着して直ちに水面に戻り、再度、立ち泳ぎの訓練に参加したものの、慌てていたために十分な呼吸が確保できていなかった。その結果、直後から呼吸が乱れて苦しくなり、しばらくして、意識が遠のいて沈みかけた。

とっさにプール内にいた指導員が当事者を確保したのと同時に、プールサイドにいた指揮官が周囲にいた隊員に「BCに空気を入れろ！」と指示した。その結果、確保した指導員が当事者のBCに空気を入れてプールサイドに引き上げ、直ちに気道確保を行ったところ、意識が回復した。

コメント

このようなケースはしばしば発生するため、とっさにどう処置をしたらよいかを訓練に参加する隊員たちに事前に周知することが必要である。

特に注意すべきことは、指揮官をはじめ、プールサイドで監視役をしている隊員たちのほとんどは、無装備であるということである。それは、スクーバ器材を装備した隊員が何らかのトラブルで水没するような事態が発生した場合、無装備の隊員が救助のために入水し、直ちに事故者を引き上げることは極めて困難となることを意味している。その点、今回の指導員がとった行動、すなわち、「BCに空気を入れて浮かせる」といった行動は最良の方法であったといえる。このことからも、スクーバ器材を装着した訓練では、必ずボ

ンベのバルブを開いておくことが重要である。

　なお、3点セットのみでの訓練でこのようなトラブルが発生することも十分予測されるが、この場合は軽装であるために、注意さえ怠らなければ、水面近く又は比較的浅い場所から救助することが可能である。その際、救助活動を容易にするため、とっさに当事者のウエイトベルトを外すことも忘れてはならない。

5 水面遊泳中に発生した過換気症候群

　訓練を開始した直後の「マスクなし遊泳」を実施している最中に、1名の訓練生に過換気症候群と思われる症状(手足のしびれ、息苦しさ)が発現した。そのため、直ちにプールサイドに引き上げて約1時間休息させたところ、徐々に症状が消失した。

　その後、本症状が発現するまでの経過について本人に確認をしたところ、「マスクを外した直後に鼻から水を吸い込んでしまい、思いどおりの呼吸ができなくなってしまった」ことがストレスとなり、過換気状態に陥ったということが判明した。それと同時に、極度の自信喪失状態に陥ってしまった。

コメント

　そもそも過換気症候群は、極度の緊張や精神的ストレスなどが原因で、必要以上の換気をすることにより発症する。これは、体内から二酸化炭素が過剰に排泄されて血液のpH(水素イオン濃度指数)がアルカリ性に傾くために起こるものであり、決して酸素の摂り過ぎが原因で起こるわけではない。ちなみに、この症状が発症すると、手足のしびれや呼吸困難を訴えることが多い。このような症状が起こった場合の治療に際しては、袋(ペーパーバッグ)などを使って、二酸化炭素が多く含まれる呼気を再呼吸するのが効果的であるといわれてきたが、それにより酸欠に陥る可能性があるということで、現在はそれを行わない傾向にある。そこで、現在推奨されているのは、「呼吸の速さや深さを自分で意識的に調整させること、すなわち、息を吐き出す前に息を1~2秒止めさせ、息を吐くことを意識させること」だとされ、深呼吸は決して行わせてはならない。

　今回の訓練中のトラブルは、課せられた訓練内容に対応できなかったことが原因である

第1　プールにおける訓練時のトラブル

ことが判明した。そこで、メンタル面でのケアを行った後、他の訓練生とは別メニューで、初日に行った基礎訓練を再度実施した（指導員と指導過程に参加した隊員とが付ききりで指導した）。その結果、1時間足らずで、それまでに行われた全ての訓練を成し遂げることができ、それ以降の訓練は、他の隊員と共に実施することができた。

6　水中拘束による誤飲水

水深3mのところで、スクーバ器材を装着した状態でウエイトを外して水中遊泳訓練を行っていたところ、当事者がバランスを崩して水面に浮かんでしまい、水面近くに設置してあった固定式の水中監視カメラにBCの背中部分が引っ掛かってしまった。そのため、それを取り外そうともがいている最中にレギュレーターが口から外れてしまい、呼吸ができなくなった。

この異常事態に多くの隊員が気付くことはなかったが、カメラ映像を見ていた指揮官と水中で訓練を見守っていた指導員がその異変に気付いた。直ちにその指導員が当事者に近づいたところ、いきなりレギュレーターを奪われた。しかし、指導員は慌てることなく当事者のレギュレーターをくわえ、その後はお互いのレギュレーターを交換して呼吸を確保し、他の隊員と共に当事者を救出した。

コメント

　この種のトラブルは、水中に障害物が存在する限り、どのような場所でも起こり得るこ

とである。本事例の場合、水中の様子が監視でき、しかも、水面近くで発生したために大事には至らなかったが、水深が深い場所や透明度の低い場所でこのようなトラブルが発生した場合、自身でそれを解消できないときには必ずパニック状態に陥り、最悪の事態を招きかねない。

そのためにも、日頃の訓練を通してバディ同士の連携を密にし、索信号の内容を十分に理解しておくことが重要である。

7 プール内での転倒による誤飲水

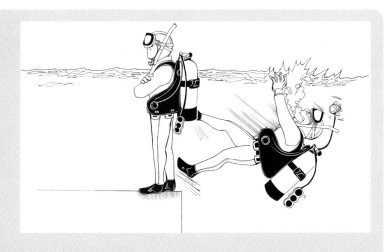

当事者は、水深1.5mのところで40mの水平潜水を終えた後、他の隊員の監視を行っていた。そのとき、当事者は、ボンベを装着した状態でフィンを着けず、レギュレーターもスノーケルも口にしないまま水深1.5mの所に立っていた。しばらくして当事者はバランスを崩し、背中から深みの方へ倒れかけた。このとき、レギュレーター等を口にしていなかったために溺れかけ、慌ててBCに空気を入れようとしたがうまくいかず、溺水した。この状況に他の隊員が気付き、当事者を助け上げた。

コメント

スクーバ器材を装備して入水する場合、いかに浅い場所であろうとも必ずボンベのバルブを開放しておき、いつでも空気を吸える状態にしておかなければならない。本事例は、慣れからくる油断による典型的なトラブルであるといえる。

なお、静水域でレギュレーターを確保するためには、右肩を下げて手のひらで右膝を叩くようにして腕を反時計回り（左回り）に回す。この動作によりレギュレーターを確保することができるので、日頃からこのような訓練をするように心掛けておく。

しかしながら、流水域や滝つぼなどのように、流れが速かったり、泡が勢いよく発生したりしているような場所では、前記のようにしてレギュレーターを確保することは不可能である。このような場合は、ボンベの上部のファーストステージからたどり当てるのが最良の方法である。したがって、日頃から目隠しをした状態で、ファーストステージからレ

第1 プールにおける訓練時のトラブル

ギュレーターを確保する訓練を取り入れることを推奨する。

8 入水時に発生した鼓膜穿孔

当事者は、3点セットを用いて飛び込み台（高さ約1.5m）から後方での入水を行ったところ、入水直後に左耳の鼓膜痛と軽度のめまいに見舞われた。そのため、直後に自力でプールサイドに上がり、その後は終了時まで訓練への参加を控えたが、受診はしなかった。

翌日、昼食前に30mの圧力体験を実施したが、特に問題は起こらず、本人が希望したことから、午後の訓練に参加させた。ところが、3点セットでの水面泳法とドルフィン泳法を行った後、深く潜ると痛みを感じたため、その後の訓練（一部、スクーバ）は全て1.5mの方で実施した。しかしながら、水深1.5mの浅いところでさえ、底近くに達すると耳に水が浸入するような状況で、多少の痛みを感じていたため、しばらく左耳を手で覆うようにして潜り続けていた。

その光景を見た指導員が当事者を近くの耳鼻科で受診させたところ、図6－1に示すような、左耳の鼓膜穿孔があることが判明したため、以後の訓練には参加させなかった。

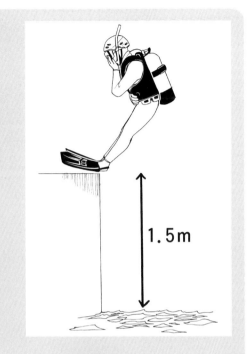

コメント

本事例は、極めてまれなトラブルであったといえる。特に注目すべき点は、深く潜ったことにより発生したのではなく、入水時に発生した点である。この場合、後方からの入水であったことから、水深は1～2m程度であったと思われるが、この種の訓練、この程度の深度で鼓膜穿孔を起こした事例は、これまでの訓練では初のケースである。

事前に提出された当事者の「事前チェックリスト」には、耳鼻疾患はないとのことで

第6章　ヒヤリ・ハットの事例とそれに対するコメント

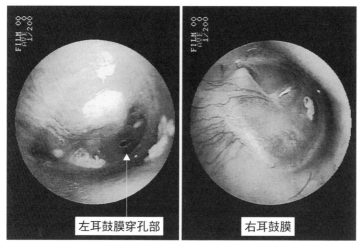

図6-1　当事者の左右の鼓膜。共に通常の鼓膜に比べ薄く汚い

あったが、トラブル発生直後の聞き取り調査では、幼少の頃、中耳炎を数回患ったことや鼓膜穿孔を起こしたことがあり、さらに3～4年前には立て続けに2回、左耳の鼓膜穿孔を起こしていたことが明らかとなった。

今回診察した医師から「耳が弱い」という指摘を受けたことからも、健康な人に比べ、鼓膜自体に問題があったことがうかがわれる。

9　高所からの入水時に発生した破折

スクーバ器材を身に着け、約5mの高さの飛び込み台から前方への入水を行ったところ、着水時にマスクが外れ、前歯が1本破折（破折：歯が折れたり、欠けたりすること）した。

当事者によると、入水時は片手でマスクを覆うようにしていたものの、その手はレギュレーターまでは届いておらず、着水時は足の裏側で水面を捉えることができず、やや前のめりの状態であったとのことである。

第1 プールにおける訓練時のトラブル

コメント

　入水時に前歯を破折したという事例は極めて珍しいケースであるが、マウスピースをしっかりくわえないで高所から入水した場合や、姿勢を崩して前のめりになり、垂直に近い状態で、顎を打つように着水した場合には起こり得ることである。

　本事例はとっさの出来事であったため、当事者自身もどのような状況で歯が折れたのかは明らかではないが、次のようにして起こったと考えられる。

　入水した際、足の裏（主にかかと）で水面を捉えることができなかったため、前のめりの状態で、多少上半身を打ち付けるような体勢で着水した。その際、体前部に衝撃を受けてマスクが外れ、さらに、レギュレーターのマウスピース（特に周辺の堅い部分）が歯に強く当たり、前歯が破折したと推察される。

　このように、高所からスクーバ器材を装着して入水する場合は、3点セットの場合に比べて着水時に大きな衝撃を受けるため、マウスピースをしっかりとくわえ、入水時の姿勢を保持し、足の裏でしっかり水面を捉えるようにすることが肝要である。特に3m以上の高い場所から入水する場合は、あらかじめ3点セットで入水し、後にボンベを吊り下げてもらい、水面で装備するなどの方法も一考すべきである。

10　不十分な耳抜きにより発生した耳疾患

　当該疾患は、著者たちが実施してきた訓練で複数回発生している。これにかかった当事者たちは、「耳抜きがうまくできなかった」「焦っていて、耳が痛いのに潜り続けた」などと訴えることが多い。このように、そのほとんどが不十分な耳抜きにより発生したものであるが、最悪の場合は外耳道炎や中耳炎に罹患し、その後の訓練を実施できなくなることもある。

コメント

　「耳抜きがうまくできない」という理由は、大別して3つある。1つ目は、テクニックの問題が大きく関与するもので、初心者に多くみられるケースである。2つ目は、焦りな

どにより耳抜きを怠った場合に起こるケースである。これは、ウエイトやフィンのリカバリー訓練を行う際、浮上しないように、常に手を使用するような場合に起こる。それにより耳抜きがおろそかになってしまうのである。3つ目は、風邪を引いていて、耳が抜けにくいような状態で無理をして潜水した場合に起こるケースである。この場合は、浮上中にリバースブロック（鼓膜内部の圧力が外部の圧力よりも高くなることによって起こる圧傷害）といった重大な事態を引き起こす可能性が高くなるので、耳抜きができない場合は決して潜水すべきではない。

なお、時々、浮上後に「鼻血」を出す者がいるが、そのほとんどは副鼻腔（頭蓋骨の前頭部から側頭部に存在する空洞）のスクイズ（鼻血の場合は、鼻腔付近の出血）が原因であると考えられる。通常は、微量の鼻血が観察される程度であるので、痛みを伴わない場合はそのまま訓練を続けても差し支えない。しかしながら、多量の出血であったり、痛みを伴う場合は無理して潜らせてはならず、直ちに耳鼻科に受診させるべきである。

11 潜降中のトラブルによって発生した耳疾患（鼓膜炎）

　本事例は、BCによる潜降・浮上訓練を行った際に発生したトラブルである。当事者は、潜水に関しては全くの初心者であったが、それまでの訓練は特に問題なくこなしていた。

　ところが、トラブル発生時はBCの空気を排出して潜降した際にマスク内に水が浸入してきたために、マスククリアと共に耳抜きを行わなければならない状況のまま、プールの底（水深3ｍ）に潜水した。その結果、プールの底に到達した直後（若しくはその直前）に鼓膜に痛みを感じた。直後に浮上を開始し、水面に戻ったが、そのとき、右耳から出血しているのを指導員から指摘されたので、耳鼻科に受診した。

　その結果、右鼓膜炎と診断された。後の聞き取り調査では、潜降中に鼓膜が痛くなった原因については、「BCの操作の不慣れで、潜降速度が比較的速かったことに加え、マスクの中に水が浸入したためにマスククリアをしたところ、それのみに気を取られてしまった」と述べていた。

コメント

耳疾患は、潜水訓練中にしばしば発生するが、その多くは不十分な耳抜きによる鼓膜内外のスクイズが原因である。本事例の場合もその一例であるが、この場合、BCの空気の出し入れを調整して潜降スピードを遅らせたり、マスク内の水を気にせず耳抜きを行っていれば十分防ぐことができた、いわば、初心者であるがゆえに発生したトラブルであるといえる。

耳疾患に関しては、外部から観察できない部位（本人しか自覚できない部位）で発生す

第1　プールにおける訓練時のトラブル

るトラブルであるため、指導員があらかじめ十分な注意を促しておくことが重要である。しかしながら、本人が無理をしてしまうといった、いわば不可抗力的な要素を含んでいるため、それを完全に防止することは困難である。

今回のような事態は今後も発生することが予測されるため、改めて研修生に対し、耳疾患の防止法等の注意を促すよう、全指導員に周知徹底することが必要である。

12　装備品脱装着時に発生した脱臼

当事者は、水深3mのところでボンベをオーバーヘッドの方法で取り外そうとした際に、数週間前に脱臼したばかりの片方の肩関節を再度脱臼してしまった。そのため激痛に見舞われ、思いどおりの呼吸ができなくなったばかりか、不自然な格好で水中に沈んだ状態となった。

その異常な光景を察知した指導員が、他の指導員と協力してプールサイドに引き上げた。

コメント

本事例に遭遇した当事者は、数週間前にも脱臼したという既往歴の持ち主であった。

このようなトラブルは、一般的な潜水の書物には記載されていないような極めてまれなケースであるといえるが、実際に発生したトラブルであることは無視できない。万一これが視界の悪い水中で、しかも、バディシステムが採られていないような状況下で発生した場合には、重大事故につながる可能性が極めて高い。バディシステムは、このようなトラブルに際しても極めて有効なものとなる。

13　水平潜水*¹時に発生した意識喪失

　意識喪失又はこれに近い事例は、プール訓練の際にしばしば観察される。その多くは「（往復約40m以上の）水平潜水」のときであるが、連続して素潜り訓練を行った場合などでも発生する。前者はプールサイドに到着した直後に発生することが多いのに対し、後者は水面又はその近くで発生することが多いが、まれに水中で発生することもある。この場合は、何かテーマ（水中においてロープの結索など）を課した場合に起こるのが特徴であるといえる。

　なお、当事者が意識喪失に陥った場合は、必ず無呼吸状態で沈みかけるので、直ちに水から引き上げ、気道確保をすることが重要である。その際、マスクを外し、ウエットスーツの上着のファスナーを開いて呼吸しやすい状態にすることも並行して行うとよい。意識喪失後、直ちに気道確保することができれば、通常は数秒で意識は回復する。ただし、このような一連の行為は、秒を争う緊迫した状態で行うべき行為であるために、迅速に行わなければならない。

コメント

　前記の訓練において、「ブラックアウト」に陥る者たちには、第4章、表4－1に示すように必ず目視できる兆候が現れる。

　これらのことを、指導員及び監視役の者たちにあらかじめ周知しておくことが重要である。

14　マスクなしの水平潜水後に発生した意識喪失

　訓練生（A）は、3点セットを使用して、背部での腕組みをした状態で5回の水平潜水（プールの端から端まで（25m）を、息こらえをして泳ぐ）をした。その後、マスクを外して（頭の後ろに回して）6回目の潜水準備に入った直後に「気分が悪い」と訴えたので、プールサイドに引き上げたが、咳き込んで息苦しさを訴えたほか、意識レベルも低下していたため、酸素吸入をさせた。その結果、意識状態は回復したが、依然として息苦しさが解消されなかったため、近隣の病院に搬送した。

　一方、訓練生（B）は、前日の訓練において、前記の訓練を終えた際に「7回目以降の訓練はあまり覚えていない」ということを指導員に申告をしたため、その夜に行われた指導者ミーティングでは、Bの安全監視を徹底するよう周知した。

　事故当日、Bは6回目のマスクなしの訓練に挑もうとした際に、なかなか顔を水面

---

*1　3点セットを装着し、プールの底近くをフィンキックのみで泳ぐこと。

に浸けることができなかった。しかしながら、特に不調を訴えることもなかったため、訓練を実施させたところ、背部で腕組みをすることもなく、フィンキックの速度も通常よりも速くなり、20m付近で浮上したので、6回目の訓練を終了した。その後、7回目の訓練開始前に、Bは指導者に眉間部の痛みを訴えた。そのため、指導員がプールサイドに上がるように指示をすると、Bは自力でプールサイドに上がったものの、ゆっくりとうつ伏せ状態になり、意識喪失の状態に陥った。直後に指導員が酸素投与をして近隣の病院に搬送した。

コメント

　これらの事故に関しては、共に病院に搬送された後に、どのような治療が行われて症状が回復したのかは明らかではないが、酸素吸入により症状が回復したのであれば、低酸素症であった可能性が高い。しかしながら、訓練中に観察された一連の行動からみると、マスクを外して水平潜水を行うことに対する不安や恐怖心からパニック状態に陥り、過換気症候群やパニック症候群を発症した可能性も否めない。特に前者の場合は酸素吸入させることにより、症状がさらに悪化するので注意しなければならない。

　いずれにせよ、症状が発生した際に血液中の炭酸ガス濃度や酸素濃度を測定することにより、低酸素症であるか、過換気症候群であるかは容易に判定できる。一方で、指導者たちが現場でそれを判断することは極めて難しいといわれる。それは、過換気症候群の特徴は「低酸素症ではないにもかかわらず呼吸困難を訴える」ためである。

　そこで、当事者が過換気症候群にかかったか否かを現場で判断するための指標となるのは、次のとおりである。

○訓練に対する不安、恐怖心や焦り等を感じていなかったか？
○呼吸の乱れはなかったか？（運動量に対して呼吸量が多くなかったか？）
○手足のしびれを訴えていなかったか？
○酸素投与で症状が回復したか？　しびれ等の症状が強くならなかったか？

○ペーパーバッグ法を行うことにより、症状が回復したか？
○パニックに陥りやすいタイプか？

　注意しなければならないことは、心筋梗塞や気胸などの場合も過換気症候群と同様の症状がみられる。このような重篤な症状の場合にペーパーバッグ法を実施すると致命的になるため、現在、当該法を行わないように指導がなされている。

　なお、意識喪失に陥ったＢについて、最も考えられるのは低酸素症（酸欠）によるブラックアウトである。しかしながら、我々が訓練中に時折目にするブラックアウトの多くは、水平潜水を実施した際にプールサイドにたどり着いたと同時に起こり、上記のような迅速な対応をすることにより、数秒間で意識が回復するのが常である。それに比べ、本事例の場合、意識喪失がなぜ長時間継続したかが明らかではない。

　ここで注目すべき所見は、Ｂが意識喪失となる前に「眉間部分の痛み」を訴えていたことである。通常、潜水時にそのような症状を訴えた場合は、まず副鼻腔のスクイズやリバースブロックを疑う。ところが、二酸化炭素中毒の場合、それによる酸欠症状は、まず前頭部に出現するという報告があることから、「眉間部分の痛み」は、酸欠による前頭部の痛みであった可能性もある。

第2　海域における訓練時のトラブル

1　上陸中のはしごからの落下

　海域訓練において、訓練生たちが休息をとるために全員が岸壁上に到達した直後に、警戒船を操船していた指導者（当事者）が上陸しようとしてはしごに乗り移ろうとした瞬間、足を滑らせて海中に落水した。
　落水現場は訓練生たちの休息場所から約30～40m離れた場所であったため、誰一人その事態に気付く者はいなかった。

> 当時、当事者は上下ジャージの上に雨合羽を着た状態でライフジャケットを着用していたが、長靴を履いていたために容易に浮かぶことができなかった。しかし、当事者は潜水歴が豊富で、かなりの泳力をもっていたため、懸命な泳ぎにより、ボートの舷側に取り付けてあるロープに手を掛けることができ、船上によじ登ることができた。

コメント

潜水訓練を行う場合、指導者の目は、通常、訓練生の安全確保のために向けられる。しかし、そこで指揮をとる者は、「指導者でさえトラブルに遭遇することがある」という認識をもつべきである。

特に、実海域での訓練では、前記のような全く想像もしていないようなトラブルが発生するということを改めて認識しておくべきである。

本事例では、当事者の遊泳能力が優れていたために大事には至らなかったが、そうでない場合には重大事故につながった可能性もある。

本事例を教訓に、船上での監視者はライフジャケットを着用（ただし、ウエットスーツを着用した場合はこの限りではない。）することはもちろんのこと、陸上に上がる際は必ず訓練生たちが使用するはしごに船のロープをくくり付け、そこから上がることを徹底している。

一方、陸上の指揮官は**訓練が終了するごとに必ず点呼を取る**と共に、訓練参加者全員の行動（安全確認）を最後まで見届けるように周知している。

2　訓練海域からの離脱

> 海域訓練において、バディで「コンパスナビゲーション」を実施した際に、1組のバディが訓練海域を大幅に超えて潜水し続けたというトラブル。
>
> このときの訓練は訓練海域に指定したエリアの4か所にブイを設置し、ある場所から入水し、コンパスを使用して指定されたブイにたどり着くというものであった。
>
> トラブルを発生させたバディは入水地点近くから潜水を始め、そこから約30～40m沖合いに設置したブイに向かって泳ぎ始めた。ところが、1／3ほど進んだ頃から徐々に進路が右にずれ始め、目標のブイを通り越して、さらに沖合いに向かい始めた。そのとき、警戒船は（バディの一方に取り付けた）マーカーブイを追い続けたが、しばらくして、それが水没して見えなくなった。
>
> そこで急遽、警戒船に同乗していた指導員を入水させ、泡を追い続けるように指示をした後、陸上で監視をしていた他の指導員1名を警戒船に乗り込ませ、泡を追

続ける指導員の下に向かった。
　そのとき、バディはすでに水深20m程度付近の海底に達していたと思われるが、一向に上昇してくる気配がみられなかったため、2名の指導員を潜らせてマーカーブイを引くように指示をした。そこで、ようやくバディが浮上した。

コメント

　コンパスナビゲーションを指導する場合、目標物（地点）に何分程度でたどり着くかをあらかじめ予測させることが必要である。設定時間を過ぎても目標物にたどり着けない場合は、一旦その場で浮上させて位置確認を行わせる。それにより、本事例のようなトラブルを回避できる。

　なお、透明度の低い水域でコンパスナビゲーションを行った場合、あらかじめ設定した目標地点に到達するのはかなり難しく、コンパスの信頼性が極めて低くなることを知っておかなければならない。

　また、透明度の高い場合でさえ、コンパスだけを見ながら進むと、設定した場所にたどり着けないことがある。そのような場合はコンパスの方位にある目標物を見つけて進み、そこに到達したら、再度、進行方向に新たな目標物を見つけて進むようにする。その間は、コンパスを見ないようにする。コンパスナビゲーションの信頼性を高めるためには、繰り返し練習をして慣れることである。

3　基線を離したことによるグループからの離脱−1

　極めて透明度の低い状態の中、5名のグループが岸壁を基点とした「基線捜索」を行っていたが、その最中に基点と索端の中間にいた当事者が、途中で捜索ロープを離してしまったためにグループから離脱してしまった。しかしながら、グループのメンバーは当事者が離脱してしまったことに全く気付かないまま、訓練を続行していた。

　そのとき、離脱した当事者は必死になって捜索ロープを捜したようであるが、見つけることができず、最終的には岸壁伝いに100m近く離れた場所まで潜水をし続けた。

　一方、グループの他の訓練生たちは、訓練を終えて浮上したものの、その時点で1

名の不明者がいることに気付き大騒ぎとなったが、しばらくして、遠く離れた場所に浮上した当事者を発見した。

コメント

　本事例はあってはならないトラブルで、極めて単純なミスにより発生した。そもそも潜水の基本は「バディシステム」、すなわちバディ（相棒）と共に潜ることである。それは「一方にトラブルが発生した場合に互いに助け合う」といった安全対策面から推奨されている。したがって、安全管理面からすると、周囲の隊員を確認しつつ、より多くの人数（グループ）で潜る方がはるかに効果的であるといえる。

　ところが、バディ潜水であれ、グループ潜水であれ、前記のような離脱者が発生した場合はそのシステムが崩れるため、離脱者がそのまま潜り続けることは問題である。そのような場合、**離脱者は直ちにその場から浮上する**ように、あらかじめ指示をしておくべきである。それと同時に、指揮官は水中にいる他のダイバーたちに対して、「水中スピーカー」を使用してその様子を伝えるか、又は訓練生に取り付けた「マーカーブイ」を引くなどして合図を送るようにする。以後、離脱者を抜いた状態でそのまま作業を続行させるか、総員が一度浮上した後、再度潜水を実施させるか、ということに関しては、事前に周知しておくべきである。

　なお、離脱者が索を放すといった行動には、体調不調の状態も含まれることも知っておかねばならない。そのような場合は離脱者のみで浮上させるといった単独行動をとらせることは危険であるため、離脱者を監視する意味でも、できる限り総員で、同時に浮上することが望まれる。

4　基線を離したことによるグループからの離脱－2

　本事例を起こした当事者は、同日に同様のトラブルを2度起こした。
　1度目は、7人のメンバーで「ジャックステイ」の訓練を実施した際、基点となった当事者が訓練の途中で基線を放してしまったために、グループ全体が所定の訓練海域を離れてしまったというトラブルである。その際、他のメンバーは、透明度が極めて低かったために、当事者が基線を放してしまったという異常事態に浮上するまで気付かなかった。
　2度目は、同メンバーによって岸壁近くで重量物の回収訓練（水面待機者2名、潜水者5名）を実施した際、基点のダイバーが捜索ロープを引いて緊急浮上のサインを出したものの、当事者はそれを放してしまっていたために、そのサインが伝わらなかった。その結果、水中で他の隊員たちとはぐれてしまい、4名が浮上した後もしば

らく海底をさまよい続けたというトラブルである。

コメント

　グループ捜索を実施する際、基線を放してしまうことは極めて初歩的なミスであり、事故原因の一因ともなり得る。そのため、このような事態が発生した場合には、離脱した者はむやみに動き回ることなく、直ちに水面に浮上するように、あらかじめ指示しておくことが必要である。

　本事例のように、基点のダイバーが基線を放してしまったような場合は基点のダイバーが他のダイバーに対して索信号により緊急浮上の合図を送り、全員が直ちにその場から浮上する。その後、全員の安全を確認した後、再度水面で体制を整えて（状況によっては、一度、入水ポイントに戻って）、改めて潜水し直すなどの措置をとる。

　しかしながら、視界がほとんどゼロに近い水中では、隣りのダイバーがグループから離脱しても確認できないことがある。そのような場合は離脱した者のみが直ちに水面に浮上し、それを確認した陸上の指揮官が水中スピーカー等を利用してその旨を水中の隊員たちに伝える。その際、他の隊員は、特に問題が生じなければ、そのまま引き続きグループでの訓練を実施するのか、直ちに全員で浮上するのかを事前に決めておくべきである。ただし、バディシステムという観点からすると、全員で浮上することが望ましい。

5　警戒船のスクリューによるけが

　海域訓練において、15馬力の船外機を備えた警戒船（ゴムボート）を操船中の指導員（当事者）が舷側から滑り落ちて海中に転落した。それにより、警戒船は無人の状態（スロットルの戻りが悪かったために中速程度のスピード）で訓練海域の水面を旋回し始めた。

　当時、訓練生たちはバディ捜索を行っていたが、訓練を終えたダイバーたちがあちらこちらの海面に浮上してきたときでもあった。

無人の警戒船はそのうちの1組のバディを目掛けて突進したために、そのバディはとっさに水中に潜り込み、難を免れたが、後に警戒船のスクリューが1隊員のボンベに接触していたことが判明し、極めて危険な状況であったことが明らかとなった。
　一方、その状況を見た（転落した）当事者は、必死になって舷側から警戒船によじ登ろうとしたが、舷側が滑ってしまったために船上に上がることができず、そのまま後方へ引きずられてスクリューに巻き込まれ、大腿部に全治2か月もの大けがをした。

コメント

　船外機付のゴムボートを操縦する場合、スロットルの操作は、舷側に腰掛けて行った方がやりやすい。ところが、このような事故が起こることもあるので、滑り止めの対策が必要である。

　本事例以降、滑り止め及び転落防止対策としてボートの両舷にロープを取り付け（**図6－2**）、船外機のスクリューにはカバーを取り付けた（**図6－3**）。

図6－2　警戒船に取り付けたネット状のロープ

前面　　　　　側面　　　　　後面
図6－3　船外機のスクリューカバー（各方向からの写真）

6　捜索訓練中の呼吸困難

冬季に水深約5mの海域で、5名の隊員による環状捜索の訓練を実施した際、当事者が海底で突然、レギュレーター（マウスピース）を口から外すという理解し難い行動をとった。そのとき、そばにいたベテラン隊員がとっさに放したレギュレーターを拾い上げて当事者にくわえさせ、当事者を抱え上げるようにして緊急浮上した。当事者がレギュレーターを外した理由は、息苦しかったためだと述べていたが、浮上後に調べたところ、レギュレーターには異常はなく、ボンベの残圧にも十分余裕があった。

コメント

通常、水中でレギュレーターを口から外すといった行為は、訓練の一環とするときやマウスピースに違和感を感じたときなどに行うが、そのときは落ち着いて余裕をもって行うのが常である。しかしながら、本事例のように、息苦しさによって外すようなことは極めて危険な行為で、重大事故を引き起こす可能性が極めて高くなる。

当事者が息苦しさを訴えた原因については、スクーバの基本である「深く、ゆっくりとした呼吸」ができなくなり、換気不良を引き起こしていたと考えられる。

同様のケースは初心者に多くみられる。そこに共通していることは、水に対する恐怖感や息を吸ったときに水が浸入してくるのではないかという不安などにより、緊張感が高まった場合である。そのような場合は思いどおりの呼吸ができなくなり、換気不良を引き起こし、二酸化炭素の蓄積や低酸素症を引き起こす可能性が極めて高くなる。

このようなトラブルを回避するためには、十分な訓練を積み重ね、自らの技術に自信をもたせることが重要である。それと同時に、いかなる場合であっても、水中でレギュレーターを口から外すといった行為は死に直結しかねない行為であるということを周知しておくことが必要である。

7 波酔いによる無気力での誤飲水

本事例は、海域訓練において、隊列を組んで長距離の水面遊泳を行った際に発生したトラブルである。600mほど遊泳したときに、警戒船を操船した指導員が当事者のフィンキッ

クの異常（フィンキックを行っているものの全く進まないような状態）に気付いた。直ちに当事者に近づいて様子をうかがったところ、顔面蒼白でチアノーゼがみられ、返答すらできない状態であった。

そこで、指導員は以後の遊泳を行わせることは困難であると判断し、当事者に直ちに岸壁に上がるように指示をした。その後、当事者は岸壁まで50～60m泳ぎ、岸壁に設置された階段から自力で上がることはできたものの、座っていることさえ困難な状態となった。しばらく、その場で横になって休ませたところ、徐々に症状が回復し、本人の意思があったため、その後のプール訓練には参加させた。

コメント

当事者は極度の波酔いにかかっていた。波酔いは船酔いに類似しているものの、船酔いとは若干異なるようである。それは、日頃から船に乗って漁をする漁師でさえ、船酔いはしないが波酔いはするからである。波酔いと船酔いの違いは明らかではないが、目線の位置や目の動き、それに体位や波の周期など、様々な要因に加え、緊張感などメンタル的な要因も関与している可能性がある。

波酔いは、前記のような訓練のほか、岸壁から入水して海面で待機するような場合などにもしばしばみられる症状であり、これにかかると溺水して溺れることさえあり得る。したがって、たかが波酔いなどといって、決して侮ってはならない。日頃から波酔いにかかりやすい隊員に対しては、あらかじめ対策を講じておくことが必要である。

波酔い対策として最も有効なのは、入水する前に「酔い止め薬」を飲むことである。潜水に及ぼす「酔い止め薬」の薬理作用に関しては明らかではないが、それを用いたことにより生理学的な問題が出たとの報告もなく、それ以上に波酔いを抑制できる効果が大きいことから、著者はその服用を推奨している。

第6章　ヒヤリ・ハットの事例とそれに対するコメント

8　プランクトンによる刺傷

著者たちが実施してきた地先の海域訓練では、毎年、プランクトンによる被害が多発した。初夏の頃は赤潮による被害が発生し、皮膚が過敏な訓練生たちは湿疹やかゆみ等に悩まされた。これらの症状は主に頸部から腰部にかけて出現した。また、同時期には、「アカクラゲ」が多数発生することもあったが、これはその存在が目視で確認できるので、これまでに被害に遭うことはなかった。ところが、4～5年前に行われた冬場の訓練では、今までに出現したことのない「カラカサクラゲ」（図6-4）による被害が続出した。被害の大小には個人差があり、多くの訓練生は露出した部位の皮膚に痛みを感じる程度であったが、一部の者は口の周りが腫れあがるほどの被害を受けた。

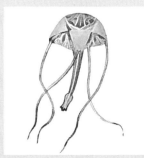

図6-4　カラカサクラゲ
※「学研の図鑑水の生物」より引用

コメント

地先海域に存在するプランクトンの中で隊員たちに被害を及ぼしたのは、赤潮の原因となる夜光虫や渦鞭毛藻類、それに小型のカラカサクラゲである。これらに共通していることは、目視で確認できない、又は確認しにくい生物であることである。特に、夜光虫や渦鞭毛藻類といった小型のプランクトンは海水と共にウエットスーツの中まで侵入するために、その被害を防ぐためには、ドライスーツを着用する以外に手立てはない。しかしながら、それらが出現する時期は初夏から初秋にかけての暑い時期であるために、通常の（防寒対策用の）ドライスーツを着用することはできない。したがって、ウエットスーツを使用する場合は、その被害に耐えるほかないのである。

これに対し、カラカサクラゲは小型であるといっても傘径が約2cmあるために、スーツ内に侵入することはないので、フルフェイスタイプのフード（図6-5）を使用することにより対処できる。

なお、カラカサクラゲについては、図鑑等の各種書籍では、その毒性やそれによる被害

は報告されていないが、実際に被害を受けた隊員たちが存在したことを追記する。

図6-5　フルフェイスフード（デストロイヤー）

9　潜降中のマスクスクイズ

　スクーバ潜水未体験の当事者が先輩と連れ立って地元の海に出かけ、初のスクーバ訓練を実施した。当事者は当該潜水を行うに当たり、先輩からあらかじめ耳抜きの方法や潜降・浮上の際の呼吸の仕方など、スクーバ潜水を行う上での様々な注意事項を聞かされた。ところが、最後に、「今までに話したこと以外にもいろいろな現象が起きると思うが、それは全て圧力の変化に伴って発生する現象である」ということを言われてスクーバ潜水に臨んだ。

　潜水を開始してしばらく経ったとき、当事者のマスクが顔に強く張り付いてきたが、耳抜きもスムーズにできていたため、「これが圧力の影響なのだ」と思いつつ、さらに深く潜り続けたところ、眼球が飛び出るほどの痛さに見舞われた。そのため、すぐに水面へ浮上したところ、強度の白目（結膜）出血が起こり、白目がウサギの目のように真っ赤になっていた。

コメント

　前記の症状はマスクスクイズの典型的なパターンである。この場合、事前にマスクスクイズを防ぐためのテクニック（マスクブロー）を教えていれば防げたトラブルである。当

第6章　ヒヤリ・ハットの事例とそれに対するコメント

然のことながら、当事者は本事例が起こった時点でパニックになっていた可能性があるが、幸い大事には至らなかった。この種のトラブルでさえ、パニックの状況次第では、重大事故につながる可能性があることを忘れてはならない。

なお、初心者に対し、このようにスクーバ潜水を体験させることの良否に関しては、「第10章　Q＆A」を参照されたい。

10　入水時における接触寸前のトラブル

スクーバ装備をした当事者（A）が岸壁で後方から入水した際、入水がうまくできなかった（腰からではなく足から入水した）ため、通常よりも深く沈み、さらに、フィンキックもうまくできなかったためか、なかなか浮上してこなかった。

しかしながら、通常の泡が確認されたため、現場の指揮官は間もなく入水地点とは離れた場所からAが浮上してくるものと判断し、それを見届けることなく、次のグループの入水を指示した。そして、当事者（B）が着水したのとほぼ同時に、その地点から僅かしか離れていない場所にAが浮上してきたため、Aのフィンの一方が着水したBの肩に接触しそうになった。

コメント

著者たちはプール内の飛び込み台や岸壁からの入水法に関しては「前方」からと「後方」からの2種類の方法を教えている。その際、入水後は水中を移動し、いかなる場合も入水地点から離れた場所から浮上するように指導している。

本事例は大事には至らなかったものの、極めて危険な状況であったことがうかがえる。スクーバ器材を装備したダイバーが数m上から飛び込んで水面又は水中下にいる者に当たったとしたならば、その衝撃は計り知れないものであり、重大事故につながることは必至である。

本事例の原因は、Aが指導員の指示を守らず入水地点から浮上したことや、指揮を執っていた指導員が入水者全員の浮上を確認しないまま、次の研修生たちを入水させてしまった、という単純なミスであった。その後は、研修生全員に「入水後は水中を移動し、いか

なる場合も入水地点から離れた場所から浮上する」ということを再度周知徹底している。また、指導員に対しても、研修生を入水させる場合は前回の入水者が全員浮上し、入水ポイントを離れたことを見届けてから、次の研修生たちを入水させるように周知徹底している。

11　訓練終了後に航空機内で発生した耳の激痛

当事者は訓練修了日の直前に耳の痛みと風邪の症状を覚えたが、ともに症状が軽度であったこともあり、受診することなく飛行機で帰隊することとなった。飛行機が離陸して間もなく、当事者は耳の激痛に襲われ、着陸するまでの間（約1時間半）、それに耐え抜いたものの、着陸後直ちに救急搬送され、入院加療した。受診後、当事者は中耳炎にかかっていたことが判明した。

コメント

これは航空機内で発生した一種の中耳腔のリバースブロックであったと思われる。

当事者は訓練修了間際に耳に多少の痛みを感じたようだが、その時点で軽度の中耳炎にかかっていた可能性がある。中耳炎にかかると、鼓膜の内側（中耳）に発生した細菌がガスを発生させ、内部から鼓膜を圧迫することがある。一方、一般の飛行機は離陸直後に機内の気圧が0.7〜0.8気圧程度に与圧されるため、地上に比べて体内に溶けている気体は膨張し、気泡化しやすくなる。

これを本事例に当てはめると、当事者の鼓膜内部で発生したガスがさらに膨張して、中耳腔のリバースブロックを起こしたと考えられる。このような場合は、鼓膜に穴を開け、ガスを抜くことによって痛みを緩和することができると思われる。多くの場合、潜水後の飛行に関しては、減圧症の問題のみが大きな問題として取り扱われるが、このような耳の疾患でさえ軽視してはならない。

12 潜降中に発生した副鼻腔スクイズ

当事者はプール訓練中、浮上後に何度か微量の鼻血を出し、時折、前頭部に軽度の痛みがあることを訴えていたため、無理をしないように指示をした。

その後、海域実習を行った際、潜降時に前頭部の激痛に見舞われたため、即座に訓練を中止して受診させたところ、副鼻腔炎による副鼻腔スクイズであったことが判明した。

コメント

当事者は先天的に副鼻腔炎があったようであるが、事前申告にそのような記載がなかったために、訓練に参加させたものの、前記のようなトラブルが発生した。このようなトラブルを回避するためにも、指揮官はスクーバ隊員を選抜する上での健康チェックをしっかりと行うことが重要であり、仮に、健康面で問題がない場合でさえ、その時々の研修生たちの訴えに耳を傾け、適切な対応をすることが望まれる。

第3 湖沼における訓練時のトラブル

■ 水中でのレギュレーターの凍結

厳冬期（2月）の湖で潜水訓練を実施したとき、当事者が水中でレギュレーターのパージボタンを押したところ、セカンドステージの内部が凍結してしまい、フリーフローの状態でガスが噴出した。そのときの深度は10m程度であり、呼吸しづらかったものの、どうにかガスを吸うことができたため、そのまま水面に浮上した。

コメント

　気温が氷点下の場合、一般的なレギュレーターを使用して潜水を行うと、前記のようなトラブルが発生することがある。そのため、北海道などの厳冬地において、氷点下又はそれに近い状況で潜水をする場合は、図6－6のような寒冷地仕様のレギュレーターを使用するのが常識となっている。

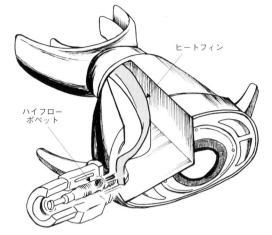

図6－6　レギュレーターのセカンドステージの構造

第4　河川における捜索時のトラブル

1　バディ索による水中拘束

　河川に小型の「ローラー車」が落水したとの一報を受け、その直後に潜水隊員2名（A、B）が不明者の捜索のために現場に向かった。そのとき、使用した車両には、スクーバ器材を積み込んでいなかったため、到着した直後に3点セットによる「素潜り」での捜索を開始した。捜索ポイントは川幅が約100mの河川の岸辺で、水深約4m、透明度は約30cm、流れは約1ノットであった。

　そこで、安全確保のために、一方の隊員（B）の腰部に命綱を取り付け、陸上の隊員にその一端を保持してもらった。また、隊員同士は長さ4.5mのロープをバディ索として使用したが、その際、両手が自由に使用できるようにするため、それぞれの端を互いの腹部に「もやい結び」で巻き付けた。

　何度か繰り返し潜水を行い、浮上しようとしたところ、バディ索が何か（後にローラー車のミラーであったことが判明）に引っ掛かってしまうというトラブ

ルに見舞われた。そのため、両者はミラーを挟むような状態で、互いに索を引き合うような格好で拘束されてしまい、共に浮上することができなくなってパニック状態に陥った。そのとき、一瞬ではあったが、Aがバディ索を手繰り寄せることができたために、僅かに浮上して、数回呼吸を確保することができた（このとき、Bは水中に引き込まれるような状況で溺れかけた）。それにより、Aは多少落ち着きを取り戻し、自身の腹部に縛り付けたバディ索を解放することができたため、直後にAはBを水面に押し上げる（助け上げる）ようにして浮上した。

その後、しばらくしてスクーバ器材が到着したので、以後はスクーバ潜水での捜索を実施した。

コメント

本事例に関しては、両者からの後の聞き取り調査で「ダメかと思った」という言葉が聞かれたが、そこからも、極めて危険な事態であったことがうかがえる。

本事例の原因に関しては、次の2つの要因が関与していたと思われる。

その1つは潜水法である。通常、潜水捜索を行う場合は、より長く、より深く、しかも、広範囲な水底を捜索することを目的に潜るため、スクーバ潜水を行うのが一般的である。

しかしながら、本事例のように緊急性を要し、しかもスクーバ装備が身近にない場合は素潜りで対応しなければならないこともあり得る。その場合、そのリスクを十分に承知していなければならない。特に問題になるのは、「息こらえ時間」である。周知のとおり、「息こらえ時間」の長さは個人差が大きいばかりではなく、捜索時の心理的ストレスや環境条件（水温や急流など）により、大きく左右されることが知られている。また、水面での休息時間も一様ではないので、「潜るタイミング」にもズレが生じる可能性が高い。

これらのことは、素潜りでは十分な捜索ができなくなるばかりか、仮に捜索物を発見した場合でさえ、息こらえが続かなければ、それを回収できないことさえあることを示している。

また、今回のトラブルのもう1つの要因は、使用したバディ索と命綱を使用したことである。バディ索は捜索時の必需品と思われがちであるが、それはスクーバ潜水を行う際に当てはまるものである。素潜りの場合、それを用いることは、水中拘束を引き起こす危険性を高める要因となる。命綱についても同様である。

幸い、本事例は、命綱を付けていなかったAが自らの腰に結び付けたバディ索を解き放すことができたために、重大事故につながることはなかったが、仮に、バディ索と命綱の両方を腰に巻いたBが慌てていて命綱の方を先に解き放し、Aと同様の行動を取っていたとしたならば、両者とも浮上できなかった可能性がある。

2　命綱による水中拘束

　車が約30mの谷底へ転落し、その弾みで車両は川（川幅最大約10m、最大水深約2m）の中に落ちて流され、下流にあった岩と岩との間にスッポリはまるような状態となった。運転者は転落地点付近の川底で発見されたため、直ちに当事者を含む2名の隊員で収容した。

　その後、同乗者の存在が不明であったため、再度、潜水による捜索を行うことになったが、現場は川幅が比較的狭かったため、「2名で潜水する必要はない」という当事者の判断により、当事者のみで潜水捜索を行った。

　捜索の際、当事者はスクーバ装備でドライスーツを着用し、安全確保のため、BCの上部の取っ手の部分に命綱（ザイル）を取り付けて、片側の川岸にいる隊員たちにそれを保持してもらうようにした。

　その後、転落地点と思われる川上から川を横切るようにして、一度、対岸に歩いて渡り、「よどみ」の近くから入水した。「よどみ」を離れると、徐々に流れが強くなり、当事者が水没した車の方に流されるような状況となったため、それを見た陸上隊員たちがザイルを強く引き寄せた。それにより、水中に沈んでいたザイルが川底の石の間に挟まって（又は石に絡まって）、当事者は後ろ向きに引きずられるような状態となり、身動きができなくなってしまった。

　そこで、当事者は、その場でロープを少し引き寄せて膝立ちの状態になり、ボンベを取り外して水面への浮上を試みたが、ボンベを外した（同時にレギュレーターも外した）ことにより、ドライスーツに取り付けたインフレーターホースが外れなくなってしまった。そればかりではなく、

ロープが引っ張られるような状態であったため、水面に顔を出すことさえできなかった。直後に何度かレギュレーターを確保しようとしたが、川底に水没したような状態になっていたために、それを口にすることができなかった。その間、2度ほど水を飲

んだが、直後にザイルを保持した隊員たちが当事者の異変に気付き、ロープを緩めてくれたために水面に顔を出すことができ、救助された。

コメント

　本事例が起きたのは、バディシステムが採られていなかったことや、水中拘束されたときに行った器材の脱着の順序を誤ったことが主な要因であったと思われる。バディシステムを採らなかったのは、透明度が高く、比較的浅い川であったことから、その判断をする際に当事者に油断があったからに違いない。また、器材を脱着するときに、先にボンベや口にしていたレギュレーターを外してしまったことが大きな誤りであった。

　その結果、本来ならば容易に取り外しのできるインフレーターホースがボンベの重みで下向きに曲がってしまったために取り外すことができなくなり、しかも、呼吸するための器材を先に放してしまったことにより、極めて危険な事態を招いてしまった。このとき、当事者は息こらえ時間がほぼ限界に達していた、ということであったので、もし、陸上の隊員たちがザイルを緩めてくれなかったならば、あと数十秒で意識を失っていた可能性があり、極めて危険な状態であったことがうかがえる。

3　ヘドロで足を滑らせたことによる誤飲水

　河川（川幅約10m、底質ヘドロ）において、不明者の捜索を行った。その際、当事者はスクーバ器材を装備し（ボンベのバルブは開いてあったが、レギュレーターもスノーケルも使用していなかった）、フィンは着けずに両手で保持した状態で川岸から入水した。入水後、胸が浸かる程度のところまで歩いていき、そこで、片フィンずつフィンを履こうとしたところ、そのフィンのストラップが切れてしまっ

た。そのため、片足立ちの状態となりながら、川の中央部（背の立たない場所）に向けて背中から倒れかけたため、近くにいた隊員に対し「助けて」と声を発し、手にしていたストラップの切れたフィンを差し出したことにより救助された。その際、救助した隊員は、自ら手にしていた片方のフィンを流失してしまったため、以後の活動は当事者の片方のフィンを使用して行うことになった。

その後、不明者が約100m下流でスバリに掛かったとの報告を受けたため、全員で陸上を移動し、現場近くの川岸から、再度入水して収容作業を行うことになった。そのとき、当事者はフィンを履いていなかったが、水中での収容作業はできると判断し、それに参加した。

そこでの作業は滞りなく行われ、不明者を近くの護岸から陸揚げし、他の隊員たちもそこから上陸した。しかしながら、その場所は

入水時とは異なり、流れがあるばかりか、背が立たない場所であり、しかも、コンクリートの護岸で一段と高く、当事者は自力でそこから上がることができなかったため、先に上陸した隊員たちに助け上げられた。

コメント

スクーバ装備を身に着けた場合はあらかじめフィンを履き、しかもボンベのガスを吸いながら、若しくは直ちに吸うことのできる状態で入水するのが原則である。

ところが、今回のような水深の浅い水辺から入水する場合は、両手にフィンを持った状態である程度の深さの場所まで歩いていき、そこでフィンを履くことも頻繁に行われる。しかしながら、そのような場合では、必ずボンベのバルブを開放した状態で入水し、膝程

度の水深のところでフィンを履くようにすべきである。腰よりも深い場所でフィンを履こうとすると、浮力の影響と片足を水底から上げるといった行為により、極めて不安定な状態となる。さらに、ヘドロやぬめりはそれを増長することになるが、そのとき、呼吸を確保することができなければ極めて危険な状態にさらされることになる。

なお、スクーバ器材を装備した状態で水面から段差のある場所（岸壁や護岸等）や船上に上る場合は、できる限りウエイトベルトを外し、フィンキックの力を利用するようにする。仮に、30cm程度の段差であれば、フィンを装着してさえいればどうにか上陸できるものの、それでもかなりの腕力を必要とする。それ以上の高さ、又は同程度の高さでさえ、フィンを使用しないで上陸することは、よほどの腕力がない限り不可能であるといっても過言ではない。

4　身体防ぎょ時に発生した脱臼

> 水深が2～3mで、比較的流れも弱く、透明度が高い河川において、当事者を含む数名で捜索活動を行った。そのとき、スクーバ隊員の数も少なく、川岸から水中の様子を十分監視できる状態であったため、バディシステムは採らず、単独での自由捜索を行った。
>
> しばらくして、当事者が隙間となっている部分に顔を当てて内部の様子を確認したところ、突然、中にいた「オオサンショウウオ」が襲いかかってきた。そのため、それを振り払おうとして手を大きく振り回したところ、片方の肩関節が外れて（脱臼して）しまい、激痛のあまり通常の呼吸ができなくなって川底であえぐような行動をとった。
>
> その様子を察知した隊員たちが、直ちに当事者を水中から引き上げた。

コメント

この年、当該河川では国の特別天然記念物であるオオサンショウウオ（ハンザキ）が異常繁殖していたようであるが、これらに関する情報は事前に隊員たちには知らされていなかったようである。

河川や海域のみならず、潜水を行う水域に、我々に危害を及ぼす生物が存在するか否かの情報をあらかじめ入手しておくことが望まれる。それによる心構えや準備ができてさえいれば、その被害を軽減若しくは最小限にとどめることができるに違いない。本事例に関しては、捜索の際に棒のようなものを携行し、それで対応していれば回避できたかもしれない。

今回、脱臼した経緯については、第1「12　装備品脱装着時に発生した脱臼」とは異なるが、その後の当事者の行動はほぼ同様であった。ただし、本事例の場合は当事者がス

クーバ器材を装着していた状態であったために、引き上げにはかなりの労力を費やしたようである。その労力を軽減させるためにも、当事者及び救助者のBCを活用することが極めて効果的である。

5　水中の枯れ枝による水中拘束

> 流れが緩やかな河川において、5名の隊員が3点セットを装備して上流からの横隊捜索を行った。下流の中央部に枯れ木が存在したため、事前に注意を促して、ベテラン隊員である当事者が枯れ木のある中央部付近に向けて繰り返し素潜りによる捜索を行ったところ、水中でフィンが枯れ枝の間に挟まれてしまい、浮上できなくなった。その様子は船上の監視員たちによって確認されていたようであるが、監視員たちが対応することがなかったため、当事者自らがもがきながら、ようやく単独で脱出した。

コメント

本事例は油断により発生した事案であったと思われる。トラブルの様子を確認していた船上の監視員たちが、なぜ救助行動をとらなかったのかという疑問に対し、当事者は「普段からふざけ癖のある先輩だったため、ふざけた行動であったと思った」と述べていたようである。しかしながら、当事者は溺水し、極めて厳しい状況であったことを語っていた。以後、その隊では、素潜りによる捜索は一切実施しないように取り決めた。

第5　海域における捜索時のトラブル

1　潜降中のボンベの脱落により発生した鼓膜穿孔

> 当事者は、岸壁周辺における捜索を実施した際に、スクーバ器材を身に着けて、高さ約6mの高所から（前方から）入水したところ、入水直後は異常がなかった（若しくは異常に気付かなかった？）ものの、ロープを伝って潜降した際にボンベがBCから脱落してしまった。そのとき、ボンベが外れた勢いでレギュレーターまでもが口から外れてしまい、呼吸ができない状態に陥った。さらに、潜降速度が急激に速まったために耳抜きが間に合わず、「鼓膜穿孔」を起こしてしまい、その直後から極度のめまいや吐き気に見舞われて極めて危険な状態に陥った。幸い、当事者は息こらえ時間が長かったために、水中でレギュレーターを確保して自力で警戒船にたどり着くことができたため難を免れた。
>
> なお、鼓膜穿孔は、通院後約2か月間で完治した。

第6章　ヒヤリ・ハットの事例とそれに対するコメント

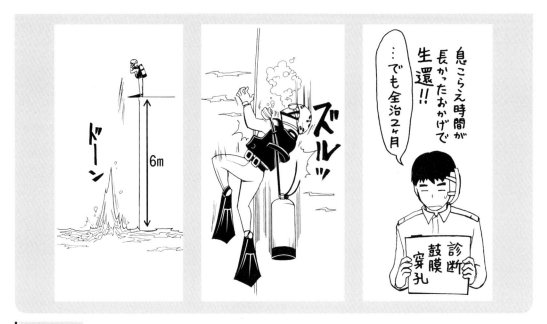

コメント

　ボンベが脱落した原因について、当事者は、次のことが原因であったのかもしれないと語っていた。

○BCを濡らさないでボンベを装着したこと
○ボンベの取り付け位置が上過ぎたこと

　しかしながら、一般的な見解としては、これらが直接的な原因となってボンベが脱落したとは考えにくく、むしろ、高所から飛び込んだ衝撃でボンベを保持するベルトが緩み、その後に外れたことが主な原因であったと考えられる。
　現場では、訓練を積み、注意さえ怠らなければ3m程度の高さからでも入水することが可能である。ちなみに、著者が関わった海域訓練では、常に約3mの高さからの入水訓練を行っていたが、過去30年間にわたり、入水による大きなトラブルは発生していない。しかしながら、それ以上の高さから入水すると、今回のようなトラブルが発生する危険性が高まるので、このような場合は、あらかじめ3点セットのみで入水し、その後、陸上の支援者からロープに捕縛したスクーバ器材を水面まで降ろすなどの方法を採るようにすべきである。
　なお、本事例において、当事者が無事に生還できたのは、息こらえ時間が長かったからであるといっても過言ではない。これを教訓に、スクーバ隊員たちは日頃から息こらえ時間を長くするための訓練を重ねることが必要で、最低でも2分程度の息こらえができることが望まれる。

2　空気欠乏による意識障害

　水深約18mの海域で環状捜索を実施したが、初回の捜索で対象物を発見することができなかったため、隊員の配置を一部変更して2度目の環状捜索を行った。そのとき、各自が初回に使用したボンベの残圧に余裕があったため、全員がそれを使用することになった。そのときの残圧は初心者であった当事者（A）のみが7MPa、他の隊員は平均8MPaで、Aの残圧は他の隊員に比べて低かったにもかかわらず、指揮官の命令により、Aは索端を担当することになった。

　2度目の捜索を行った際、ダイバーの作業状況を見守っていた船上の監視員は、潜水開始直後からAの吐き出す泡が他の隊員に比べて多かったことを確認していた。当時の水域は、波や流れはほとんどなかったものの、透明度は低く、海底付近ではヘドロが舞っていたために、ほぼ無視界状態であった。

　2回目の潜水を終えて浮上を開始したところ、水深15m付近で、Aは呼吸がしづらくなってきたのを感じたが、索を保持していたために残圧計を手にすることができなかった。そこで、隣の隊員（B）に残圧のチェックをしてもらったところ、残圧はほぼゼロの状態であった。それと同時に、BがAの顔をのぞき見たところ、すでに目がうつろな状態で、意識が朦朧としているように見えたため、即座にBはAの髪をつかみ、他の隊員（C）が気道確保をしつつ水面に引き上げた。しばらくして、Aの意識は回復したが、Aは引き上げられるまでの間の記憶は全くなかったと述べた。

コメント

　本事例は潜水時間、特に2度目の潜水時間が明らかではないため、はっきりしたことはいえないが、Aの残圧がほぼゼロの状態であったことから、水中で空気の供給が途絶えて低酸素症となり、意識喪失に陥ったと思われる。また、低酸素症に陥った経緯については、次の2つの要因があったと思われる。

(1) 潜水深度と使用したガスの残圧に関する問題

　　多くのスクーバ隊が設定している潜水深度の限度はおおむね10～15mであるが、今回実施した潜水深度はその上限を僅かながら超えた深度である。ガスの消費量は各自まちまちであるが、その時々の作業内容や心理状態などにより大きく変化する。例えば、大気圧下で20L／分のガス消費をするダイバーが14Lのボンベに7MPaの空気が入った状態で潜った場合、空気がなくなるまでの時間は、次のようになる。

> 水深15mの場合　$14 \times 7 \times 10 \div (20 \times 2.5) = 19.6$（分）
> 水深18mの場合　$14 \times 7 \times 10 \div (20 \times 2.8) = 17.5$（分）

　空気がなくなるまでの時間は、3m深くなった場合でさえ2分も短縮される。ただし、これは空気を吸い尽くすまでの時間であって、潜水可能な時間ではないが、本事例に関しては、Aが呼吸することのできた時間はこの程度であったと思われる。

　なお、通常の潜水活動では、少なくとも残圧は、（浮上のために）3MPa程度を残すのが常識であるため、14Lのボンベに7MPaの空気が入った状態で潜った場合の潜水可能な時間は、次のようにさらに短くなる。

> 水深15mの場合　$14 \times (7-3) \times 10 \div (20 \times 2.5) = 11.2$（分）
> 水深18mの場合　$14 \times (7-3) \times 10 \div (20 \times 2.8) = 10.0$（分）

　これに加え、作業負荷量や緊張感からくる心理的ストレスなどが加わると、さらにガス消費量が増えるということを指導者を含め、潜水に関わる隊員たちはしっかり認識しておかねばならない。

　ちなみに、著者たちが実施してきた訓練海域の水深は10m以浅であった。原則として、水面に上がった時点の残圧が約7MPa以上の場合は残圧が3MPaになったら浮上するという条件で訓練を続行させていたが、7MPa以下になったら十分にガスが充填された新たなボンベを使用するように指示してきた。

(2)　人員配置に関する問題

　環状捜索は索端に位置するダイバーが最も動き回るので、基点のダイバーに比べてより多くのガスを消費することになる。ここで実施された2度目の捜索では、船上の監視員が索端のAの吐き出す泡の量が他の隊員に比べて多かったのを確認していたが、これは運動量の増加に加え、初心者であったことによる不安と緊張などの要因が加わった結果であったと思われる。Aが索端に配置された理由については明らかではないが、Aが捜索に不慣れであったために、捜索にエネルギーを費やすよりも、単に索を張って隊員たちの誘導役にあたらせた方が負担が少ないという指揮者の思いがあったのかもしれない。しかしながら、潜水開始前の残圧が他の隊員に比べて少なかったことや、潜水経験の乏しい初心者であったことを考慮すると、基点又はその近くに配置するのが妥当であったと思われる。

　いずれにせよ、水深が18mもあるような場所で潜水する場合は、より多くガスが充填されたボンベを使用することが望ましい。

3 急潮流での水面遊泳により発生した過換気症候群

　本事例は、著者の地元海域で行われた捜索活動の際に発生した事案で、そのとき、著者は船上の監視役の一員として参加していた。

　5名の隊員が不明者の捜索のため、水深10～15mの海域での捜索を行うことになったが、そのとき、隊員たちは全員、リーダーの指示により、BCではなくハーネスを使用した。

　1回目の捜索で不明者を発見できなかったため、2回目の捜索を行うこととなったが、前回の捜索がうまくいかなかったため、そのときは地元の潜水漁業者の提案による捜索法で行われた。その概要は、3隻の小型船から重り（約10kg）を付けたロープを投入し、重り同士を結んだロープ上に隊員たちを等間隔で並ばせ、流れに向かって船を走らせながら海底を捜索するといった方法であった。

　2回目の捜索に備え、陸上で待機していたところ、沖で潮の流れを監視していた漁業組合員から「流れが緩やかになってきたので今がチャンスだ」という情報がもたらされた。そのため、スクーバ隊員たちは漁船に乗り込み、著者は漁業関係者3人と他の小型船に乗り込んで捜索海域に向かった。そこはいまだ1ノット以上の流れがあり、初回の捜索の際に投入したブイが沈むような勢いでなびいていた。

　ブイから十数m離れた上流に、隊員たちを誘導するための3隻の小型船が待機していたが、隊員たちはブイから5～6m離れた下流から入水し、全員で小型船に向かって（潮流に逆らって）泳ぎ始めた。数分後、全員が一番手前にいた小型船にたどり着き、その船が保持していた重りの付いたロープを保持した。当初の計画は、次の予定であった。

---

1. 隊員たちをそれぞれの船で、所定の場所まで誘導し、船が等間隔に並んだ時点で、各船の船長が船に備え付けた重り付きのロープを一斉に水中に投げ込む。
2. リーダーの合図により、隊員たちはそのロープをたどって潜降し、着底後は、重り同士を結んだロープ上に一定の間隔で並ぶ。
3. リーダーの合図（船上及び隊員たちに対する合図）により、船を流れに沿ってゆっくり走らせながら捜索を行う。

　ところが、全員が一番手前にいた小型船にたどり着いたと同時に、他の2隻の小型船は隊員たちを引き連れることなく所定の場所に向かって走り出してしまった。しか

も、その瞬間に隊員たちが待機していた船の船長が何の予告もなく、重りの付いたロープを海中に投入してしまった。そのために、ロープを保持していた3名の隊員（A、B、C）が引きずられるようにして、一気に海底に引き込まれていった。このとき、A、Bの隊員はレギュレーターを口にしていたが、Cはスノーケルをくわえた状態であり、しかも、Cのダイバーナイフに重りの付いたロープが絡んだ状態であった（後に知らされた）。その結果、Cは海底付近までいち早く墜落して極めて危険な状態となった。

　幸い、水没していく途中でCが上方に手を伸ばし、レギュレーターを保持できたために大事に至ることはなかった。その後、Cは同時に水没した他の2名の隊員と共に、そのまま捜索を開始した。

　一方、水面では、船長がロープを投入した際に、DとEはとっさに手を離したために水没するのを免れ、水面泳法するような状態となった。その直後に、Dが著者が乗った船（本船）に向かって泳いできたために、「上がるか？」と声を掛けたところ、頷いたので、著者がDのハーネスを保持して引き上げようとした。そのとき、「助けて！」という、かすかな声が風上から聞こえてきた。見ると、もう1名の隊員Eがうつむいた状態で、波になびくようにして、本船から十数m離れたブイにつかまっている光景が目に飛び込んできた。

　そのため、著者はDを船上に引き上げる時間がないと判断し、直ちに本船の船長にそこに向かうように指示をした。その間、Dがスクリューに巻き込まれる危険があったため、同乗していた2名の漁師にDのハーネスをしっかり保持してもらった。Eの下にたどり着き、著者がEのハーネスを保持し、同乗した漁師たちに手伝ってもらいながらEを船上に引き上げた。そのとき、Eは全身が硬直し、身動きできない状態であったために、直ちに救急要請をした。ブイにたどり着いた時点でDも船上に収容した。

　搬送された病院の医師より、Eの硬直は極度の「過換気症候群」によって引き起こされたことが告げられた。

コメント

　著者たちがこのような体験をすることは極めてまれであるが、病院に足を運んだ際に、Eの口から「ダメだと思いました」ということを聞かされ、改めて極めて危険な状態であったことがわかった。そもそも、本事例が発生した原因は、次のとおりであったと考えられる。

> 1　急潮流下で水面遊泳を行ったこと
> 2　BCを使用しないでハーネスを使用し、その際、ライフジャケットを使用しなかったこと
> 3　事前の協議の内容が不徹底であったこと

　本来、このような事態、すなわち、隊員が離れ離れの状態（3名が水没し、2名が水面に居残る状態）になってしまった場合は、一度水面に浮上して安全確認をした後、再度体制を整えてから潜水活動を行うべきである。

　流れに逆らって泳ぐという行為は流れの強さにもよるが、フィンキックによる運動負荷が促進されるので、大量に産出された二酸化炭素を排除するために心拍数や呼吸数が増加するのは当然のことであることから、それにより、過換気症候群が起こるとは考えにくい。しかしながら、本事例では、現場経験の少ないD、Eにとって、急流海域での捜索やハーネスを使用したことによる不安が大きなストレスとなっていたことが、聞き取り調査により判明した。これらが、運動量以上に呼吸頻度を高めた可能性がある。

　また、本事例において、表面化こそしていないが、最初に船にたどり着いたD自身にも「息切れによる呼吸困難」という深刻な事態が発生していたことが後に判明した。もし、あのとき、船にたどり着くことができなかったら、生命の危険すらあったことがDの口から語られた。なぜ、リーダーがハーネスを使用するように指示したのかは不明であるが、その場合はライフジャケットを使用することが義務付けられている。D、Eが共にBCやライフジャケットを使用し、水面で十分な浮力を確保することができていれば、これほどまでの大事に至らなかったに違いない。いざというときに浮力を確保できないことは隊員にとって大きなストレスとなるばかりではなく、安全面からみても問題がある。

　なお、レギュレーターを口にすることなくいち早く水中に沈んでいったAが無事だったのは、ボンベを装着した際にバルブを開放してあったことと、息こらえ時間が長かったためである。ボンベを装着する前に必ずバルブを開くこと、日頃から息こらえ時間を長引かせるための訓練を行うことの重要さを改めて知らされた事例であった。

第6 その他の水域における捜索時のトラブル

1 地下水脈におけるヘドロによるトラブル

　テレビ局関連の2名の水中カメラマンが池からつながる地下水脈に潜水したまま行方不明となったため、翌日、2名のスクーバ隊員がスクーバ器材を装備して不明者の捜索をすることとなった。

　池の水深は3m程度で、そこには6か所の（横方向への）入口が存在した。事故当時は目撃情報も乏しく、どの入口から入ったのかは不明であったため、周辺の状況から一番広い入口に入ったと予測し、2名の隊員（A）、（B）はそこからの進入を試みた。そのときの装備はウエットスーツにハーネスを用い、さらにウエイトベルトには両者ともカラビナを付け、それに命綱（ザイル）を保持したが、バディ索は使用しなかった。

　洞内の流れはほとんどなく、途中、ボンベが両側や上部に当たるような狭い場所も存在したため、隊員同士が前後になって、捜索は比較的順調に行われた。ところが、Aの遊泳速度が速かったため、途中でBと差ができてしまったようである。

　およそ40m先の地点まで到達した辺りで、Aの命綱が何かに引っ掛かったような状態となり、先に進めなくなった。そこで、Aは一旦命綱をカラビナから外し、さらに前進しようとしたが、進入してきた洞内はフィンキックで舞い上がったヘドロによって、視界が確保できなくなっていた。そのため、命綱を放置して進入するのは危険であると判断し、放置した命綱を手探りで見つけ出し、それをたどって進入ポイントに戻った。そのとき、Bはすでにその場に戻っていた。

　浮上後に明らかになったことであるが、Aの「命綱が何かに引っ掛かった」と思ったのは、実際はそうではなく、勢いよく命綱が中に引き込まれるような状態であったため、陸上にいた上司が「それ以上進んでは危険と判断をしたため」命綱の送り出し

を止めたためであった。

　本捜索では、不明者を発見するには至らなかったが、その後、不明者の捜索を依頼された業者がROV（Remotely Operated Vehicle：遠隔操作無人探査機）で洞内を捜索したところ、ROVが内部の岩に引っ掛かってしまったため、それの回収のために潜った民間のダイバーがその先で絶命していた1名の不明者を発見し、他の洞内でもう1名も発見された。発見時、不明者の残圧は共にゼロで、両者とも命綱を保持していなかった。

コメント

　現地は表面上は池のような形状をしているが、その内部は洞窟のような形態となっているため、このような場所で潜水するためには、本来、洞窟内潜水＝ケイブダイビングに関する知識や技術をもたなければならない。

　ケイブダイビングを行う上で最も厄介なのは、暗黒であることに加え、水底に溜まったヘドロの存在である。

　特に、鍾乳石の成分から成るヘドロは河川や湖沼などに堆積しているものに比べ、粒子が細かいために沈降速度が極めて遅く、しかも、流れがない洞窟内では、一旦ヘドロが舞い上がると透明度が回復するまでにかなりの時間を要する。したがって、このことを念頭に置かないまま、透明度の高いケイブダイビングに臨むと、フィンキックによって舞い上がったヘドロによって出口が分からなくなるといったトラブルに見舞われることになる。そこで、洞窟のような暗渠内で捜索を行う場合は、必ず命綱を保持しなければならないということを戒めておかなければならない。なお、探検家などがケイブダイビングを行う場合は特に命綱を保持することはないようであるが、彼らはヘドロを巻き上げないような「特殊な泳法」をマスターして臨んでいる。

　本事例で行方不明となったカメラクルーは命綱を保持していなかったために出口を見付け出すことができず、空気を使い切ってしまったと思われる。

　また、捜索に参加した潜水隊員は洞窟内で、一旦命綱を解いてしまったものの、直後に危険を察知してそれを捜し当てることができたために無事帰還することができたが、そうでなければ重大事故につながった可能性もある。

2　溜池の中の「マムシ」の存在

　不明者の捜索のため、不明者が入水したと思われる溜池でスクーバ潜水を行おうとしたところ、近所の住人から「この溜池には、マムシが居るかもしれない」という忠告があった。そこで、潜水を開始する前に、隊員たちが水の中に棒を差し込んでみた

ところ、数匹のマムシが水の中から出現したため、急遽潜水を中止し、「スバリ」による捜索に切り替えた。

3　溜池の中の「ワニガメ（かみつきガメ）」の存在

不明者の捜索のため、溜池でスクーバ潜水での捜索を終えた直後、近くの住民から「この溜池から数日前に『かみつきガメ』が見つかった」との情報がもたらされ、捜索を終えた隊員たちが驚かされた。

2・3のコメント

未知の水域で潜水する場合、そこの水深、流れ、透明度などの情報とともに、有害生物などの情報も入手すべきである。万一、潜水中にそのような生物に遭遇したり、被害を被るような場合はパニックに陥り、二次災害を引き起こす可能性が極めて高くなるので、特に透明度が低く、有害生物が存在する水域では極力潜水をしないようにすべきである。

4　ロープによる水中拘束

某湖（水深約8ｍ、透明度0ｍ）において、捜索範囲を示すため、四隅に棒を立て、それぞれの棒をロープで結んだ状態で、スクーバ潜水による単独での捜索を実施した。しばらくして、当事者の身体に倒れてきた棒に張られたロープが絡まり、水中拘束の状態となった。そこで、当事者はダイバーナイフを使用してロープを切断し、脱出しようと試みたが、透明度のない水中では、ロープがどのように絡まっているのか確認できず、しかも、使用したナ

第6　その他の水域における捜索時のトラブル

イフの切れ味が悪かったために容易に拘束を解除することができなかった。その時点で、当事者はパニック状態となってもがき続け、ロープが絡まった状態であったが、力ずくで自力で浮上した。

コメント

　本事例はバディシステムを採らなかったことや、ダイバーナイフの存在を過信しすぎたことが要因として考えられる。このようなロープによる水中拘束が発生した場合に備えてダイバーナイフを携行するが、中には切れ味が悪く、その機能を十分に発揮できない物がある。そのため、日頃の訓練を通して、その切れ味をあらかじめ確認しておく必要がある。自衛隊や海保の隊員たちの中には、市販されているダイバーナイフの代わりに「出刃包丁」を携行する者がいる。その理由について、著者の知る元海自の潜水隊員は「かつてロープによる水中拘束が発生した際に、ダイバーナイフの切れ味が悪く活用できなかったから」と述べていた。ぜひ、この言葉を参考にしてほしい。

　また、東日本大震災の直後に東北の海で潜水活動を行った隊員の中には、水没した「漁網」の存在に恐怖心を抱いた者が多く存在した。特に、透明度の高いナイロン製の漁網に拘束された場合はダイバーナイフで対応することは極めて困難であるため、そのような場合は「キッチンバサミ」を活用することが効果的であると思われる。

5　暗渠内に進入したために生じた浮上困難

　某ダム（標高約200m、気温26℃、水温22℃、視界０m）において、６人の隊員が10mの捜索ロープを手にして一列に並び、陸側のポイントを中心にした半円捜索を繰り返し（基点を設けず、１回ごとに基点と索端が交互に役割を交替し）実施した（図6-7）。

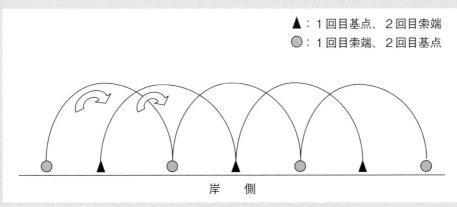

図6-7　当該潜水で実施した半円捜索法

第6章　ヒヤリ・ハットの事例とそれに対するコメント

当該捜索法により、その都度浮上せず、捜索範囲・時間に制限を設けて連続して実施した。ところが、最後（4回目）の捜索を終え、真上に向け浮上しようとしたところ、全員が中層にあった屋根状のもの（水面や水底にはそのような障害物は全くなかった）の下に入り込んでしまい、浮上できなくなってしまった。なかなか出口が見つからなかったため、一時、全員がパニック状態に見舞われたが、幸い、基点のダイバーが出口を見つけ、水面にたどり着くことができたので、大事に至ることはなかったが、極めて危険な事態であった。

コメント

　本事例はダムでの捜索の危険性を改めて示した事案である。ダム建設は多くの場合、建造物や立木等をそのまま水没させるため、それらが潜水を行う上で障害となる可能性が極めて高い。したがって、ダムで潜水を行う場合は、あらかじめ、どの場所にどのような建造物等の障害があるかといった情報を入手しておくことが望まれる。本事例では、何が「中層の屋根」となっていたかは不明であるが、事前にそのような障害物の存在が明らかになった場合は、基点のダイバーに陸上から張られた命綱を持たせることも考えられる。それにより、いざというときの出口が確保される。また、沈船の船室や狭隘(きょうあい)な場所で「屋根があるような所」、特に、アンダーパス[*1]で潜水するような場合は、必ず命綱を携えるべきである。

6　潜水墜落及び吹き上げによって生じた減圧障害

　ダム湖（水深約30m）に車両が転落したとの一報を受け、4名の隊員（全員が柔剣道の特練生）がドライスーツを着用して（BCは使用せず）捜索を行うことになった。当初、捜索を実施するに当たって、事前にブイを設置して、そこから重しを付けた潜降索を垂らし、それに沿って潜降する予定であった。ところが、準備に時間を要したため、陸上にいた所属長（A）が「早くしろ！」と、いら立った様子で大声を張り上

---

*1　上部に線路や道路などがあり、その下が車両や人が通行できる所

第6　その他の水域における捜索時のトラブル

げ続けたため、4名の隊員たちは「とりあえず、1ダイブしよう」ということで、ブイを設置しないまま、それぞれが単独で潜降を開始した。

隊員たちは過去にドライスーツを使用したことは何度かあったものの、それらの場所は全て10m以浅であったため、これほどまで深いところへ潜るのは初めてであった。

そのためか、潜降中に浮力調節がうまくいかず、全員が「潜水墜落」を起こし、水底でパニック状態に陥った。その際、各自が慌ててスーツ内に給気したが、なかなか浮上することができず、結果的には給気をし過ぎたために全員が「吹き上げ」を起こしてしま

い、勢いよく水面に浮上した。それにより、体調が悪くなったが、しばらく（約20〜30分）船上で休息を取ることにより、やや体調が回復しつつあった頃、再度、陸上のAが檄を飛ばしたため、やむを得ず2度目の潜水を行うことになった。このときはブイに取り付けられた索に沿って潜降したために、1度目のようなトラブルを起こすことはなかったが、ある程度の深度に達したところで、全員の体調が良くなってきた。そのため、順調に水底にたどり着くことができたので、二十数分間の捜索活動を実施した後に浮上した。全員、浮上後は多少体調が悪かったものの、特に受診することなく、帰隊し、その日の訓練は行わなかった。

翌日、当事者たちは柔剣道の訓練を行うために道場に向かい、訓練を開始したが、しばらくして、全員が極度の倦怠感や息切れに見舞われたため、近隣の総合病院で受診した。その結果、全員、「特に異常なし」との診断をされたが、依然として体調が悪かったため、全員が当日の訓練に参加しなかった。

同様に、翌日も体調がすぐれなかったために、1日中休養した後、翌々日、再度道場に出かけたが、やはり、倦怠感や息切れがしたために、同病院で精密検査を行うために再受診したが、その結果も「特に異常なし」と告げられた。

事故が発生してから5日目の早朝、当事者たちの一人から、著者に対し、「どのように対処したらよいのか？」という相談が寄せられたため、直ちに「再圧治療」ので

きる病院に行くように指示をした。その結果、近県の病院で受診することになったが、そこでは、4名中3名の隊員が「減圧障害」と診断され、即日入院するように告げられた。入院した当日から1か月間にわたり再圧治療が行われたが、一向に症状が改善されなかったため、強制退院させられることになった。

その後、上司（B）から、著者の知り合いの医療機関を紹介してほしいとの依頼を受けため、再圧治療に関し多くの実績のある海自の病院を紹介し、そこで受診することになった。その結果、「今から再圧治療を行っても効果は期待できないので、自然治癒するのを待つしかない」と医師から告げられ、そこでの治療を受けることなく帰路に着いた。

現在は全ての隊員の症状は消失したが、事故発生後、2名の隊員は数年間、1名の隊員は十数年間にわたり、頭痛を主とする体調不良に悩まされたとのことである。

コメント

本事例は、指揮命令系統が遵守される階級社会が招いた悲劇の典型であるといえる。Aは潜水経験がないどころか、潜水に関する知識をまったくもたない上司であったため、陸上の救助活動と同じ感覚で指揮を執っていたことが後の聞き取り調査で明らかとなった。

潜水という特殊な業務に関しては、いかに上司であろうとも、知識のない者が指示をしたり、むやみに口出しをするようなことは慎むべきである。

周知のとおり、潜水による捜索活動を実施する場合は、装備の装着やブイの設置、それに、警戒船の配備等をしなければならないために、陸上の活動に比べて事前の準備に手間取るのが常である。本事例においては、このことが、上司のいら立ちを招いたに違いない。しかしながら、人災の場合は不明者の家族や関係者などがこの上司と同様の思いで捜索活動を見守ることとなるので、その人たちの思いを逆なでしないためにも、現場での準備は迅速に行うことも念頭に置くことが必要である。

なお、本事例の原因は潜水墜落によってパニック状態に陥った隊員たちが、一刻も早く浮上しようと、スーツ内に過剰の給気をしたことにより吹き上げを引き起こし、それにより減圧障害が起こったと思われる。

このような事故が発生した場合は直ちに「再圧装置」を備えた医療機関に搬送し、「再圧治療」を受けることが重要である。「再圧治療」は実施するまでの時間が早ければ早いほど治癒率が高まることが知られている。本事例の場合は「再圧治療」を開始するまでの時間があまりにも長過ぎたために、治癒することができなかったのである。

第7　その他（訓練、捜索以外）のトラブル

1　魚類の攻撃によるトラブル

本事例は訓練中や捜索中のトラブルではないが、海域での訓練や捜索中に起こり得るトラブルなので記載する。

以下は体験者談である。

『バディと共にドリフトダイビングをしながら生物観察を楽しんでいたところ、顔面と左腿に

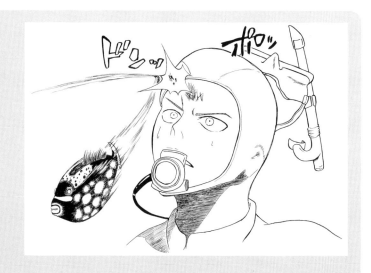

「モンガラカワハギ」の突進（攻撃）を受け、それによりマスクが顔から外れ海底に落下した。そのために視野がぼやけ、透明のマスクを探すのが困難な状態となったが、幸いスノーケルの一部に色が着いていたために見つけることができた。浮上後、額が切れて出血していた。』

コメント

近年、透明のシリコン製のマスクやスノーケルが普及してきているが、今回のように、透明度が高く、きれいな砂地の海底にそれらが落下した場合は、見づらいために、探すことが極めて困難となる。したがって、個人装備品を購入する際は、このようなことも考慮する必要がある。

また、シリコン製のマスクは「暗黒潜水」の訓練を行う際に、通常の「めくら板（ウエットスーツの切れ端など）」を着けただけでは周囲から光が入ってしまうために使用できないことがある。

今回のトラブルは比較的長時間、水中に顔をさらすことを余儀なくされたが、基礎訓練が十分にできていたからこそ、重大事故には至らなかった。しかしながら、この間に誤って鼻から水を吸ってしまうようなことがあれば、たちまちパニックに陥り、重大事故につながりかねない事態であった。

2 水中でマスクのレンズが外れたトラブル

体験者談である。
『エントリー後、水深が増すたびにマスク内に水が浸入してきたため、レンズが外れかけているのではないかと思い、マスクをいじっていたところ、いきなりレンズが外れてしまい視界が確保できなくなった。この状況を見ていたバディが直してくれるような仕草をしたので、マスクとレンズを手渡して直してもらったが、予想外に手間取ったため相当量のガスを消費した。そのため、マスクのトラブルが解消された時点で、その後の潜水を諦め、両者とも浮上した。』

コメント

マスクのレンズが外れるということは、通常起こりえないトラブルであるが、このときは、マスクをケースに入れることなく、しかも小さめのバッグに他の器材と共に無理やり押し込んで搬送したことが原因であったと考えられる。

したがって、装備品をバッグに収納して搬送する場合には、このようなトラブルが発生することも想定し、慎重に行うべきである。

また、体験者がバディがマスクを直す間、顔面を水中にさらしたまま冷静に長時間呼吸をすることができたのは、プールでの基礎訓練が十分にマスターできていたからであり、訓練の賜物であったといえる。

3 スクーバ潜水後の素潜りにより発生した減圧障害

有害生物（ガンガゼ）を除去するために（最大水深14.3m、平均水深8.2m）スクーバで60分間の潜水を実施した。その後、約50分経過してから、今度は水深10～15mのところにあるアンカーを回収するために素潜りを5、6回行ったが、特に体調に変化はなかった。

翌日になって、外回りの業務を行ったときに、いつもと比べて多少の疲労感はあったものの、特に異常を感じることはなかったので、受診することはなかった。その

第7　その他（訓練、捜索以外）のトラブル

後、3日から4日を経過した頃に疲労感が強まり、さらに、日が経つにつれて、左手指に腫れや関節痛が起こり、疲労感も一段と強くなった。そして、10日目以降は以前の左手の症状に加え、手指の感覚の鈍化のほか、めまいや視力低下が起

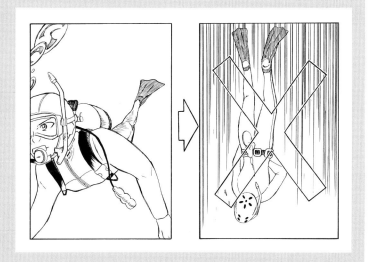

こったため、最後の潜水を終えて2週間経過してから再圧治療を実施している医療機関で受診した。その結果、「減圧症の疑い」と診断をされた。受診した当日から計3回の再圧治療を行ったことにより、前記の症状はかなり改善されたが、完治するまでには至らなかった。診断書には「減圧症」と明記されていたそうであるが、一部の医師らからは、「減圧障害」とした方がよいのではないかとの指摘もあったようである。

コメント

　「スクーバ潜水を行った後に素潜りを行うと減圧症にかかりやすい」といわれるが、本事例の場合はまさに、その行為を実施したために症状が発症した可能性が高い。このような状況下で発生する減圧症のメカニズムに関しては、「スクーバ潜水によって体内に取り込まれたガス（空気潜水の場合は窒素ガス）のうち、サイレントバルブ（減圧症を発生させないような微小な気泡）が素潜りを行うことにより、さらに圧縮されて小さくなって、静脈から肺を通過して動脈内へ入り込むこと。それに、潜降・浮上を繰り返すことが刺激となって、気泡が発生することなどにより、症状を発症するのではないかと考えられている。

　診断書に記載されたとおり、本症状が減圧症によるものだとするならば、極めてまれな事例であるといえる。それは、減圧症が発生するのは、24時間以内に98％だといわれていることに対し、本事例における初期の症状は、倦怠感のみであり、減圧症の症状らしき「手指の関節痛」が発症したのは、潜水を終えてから5日目であったことである。

第7章

捜索と回収（収容）

第1　事前準備及び現場での作業

　捜索活動は迅速・安全・的確に実施されるべきである。特に人身事案が発生した直後の現場では、不明者が生存している可能性があるため、迅速な行動が求められる。そのため、指揮官は潜水活動を開始するのに先立って、あらかじめ目撃情報を入手する者、捜索現場の環境状況を把握する者などの役割分担を決めておく必要がある。それと同時に、潜水計画の立案、作業手順及びスクーバ隊員の配置などを決定し、準備が整い次第、直ちに捜索活動を開始するように指示をする。

　このように、手際よく迅速な行動をとることは、捜索活動をスムーズに行うために有用であると同時に、活動の遅れによって生じる周囲とのトラブル[*1]を抑制する効果もある。

1　作業現場に関する情報収集

　潜水活動を実施しようとする場所の環境状況（水深、流れ、波高など）に関する情報を入手し、それに基づき、潜水計画の立案や捜索法、それに人員配置などを決定する。

[*1]　よくある事例として、スクーバ隊が現着してから潜水活動を開始するまでの時間が長引くと、それを見守る不明者の関係者たちの焦りやいら立ちが増長され、その結果、「早く潜れ！」などという命令じみた罵声を浴びせられることがある。
　　それは、正に捜索活動を実施しようとするレスキュー隊にとっては、プレッシャーとなると同時にストレスともなり、作業に支障を来しかねない。
　　したがって、スクーバ隊員たちは、「現場では常にこのようなことが起こる可能性がある」ということを肝に銘じ、装備を身に着けたら直ちに入水し、基点ブイに到達したら直ちに潜水するといった行動をとるべきである。これらのことを念頭に、訓練時から常に迅速な活動をするように習慣づけておくことが重要である。「不明者が自分の身内である」という思いで活動すれば、必然的に迅速な行動が生まれてくるはずである。

2　目撃情報の収集

　水難事案が発生し、水没した不明者を捜索するときに目撃者が存在する場合、指揮官及びスクーバ隊の責任者は、直ちに目撃情報を入手する。

　聞き取りのポイントは、次のとおりである。

○事案の発生時間
○事案の発生状況
○不明者の水没地点
○不明者の特徴（年齢、性別、服装など）

　しかしながら、目撃情報の提供者が不明者の家族や友人といった不明者と身近にある関係者の場合は、気が動転している（パニック）状態であることが多いために、正確な情報が伝わってこないこともあるので、注意しなければならない。したがって、できる限り複数からの情報を入手することや、第三者からの情報を得るように心掛けるべきである。

3　潜水計画の立案と人員配置

　現場の状況が把握できたならば、どのような捜索法で何分間の捜索活動を実施するのかなど、無減圧潜水を遵守した潜水計画を立て、それに基づいてスクーバ隊などの配置を決定する。

　特に、潜水深度が10m以深で繰り返し潜水を実施する場合は、修正時間を考慮した無減圧の潜水計画を立てなければならない。

4　ブイ及び索の設置

　捜索範囲が決定されたならば、直ちにその水域に索（ロープ）[*2]の先端に重りを付けたブイ（基点ブイ）を設置する。その際、使用する重りは、ブイが容易に移動しないようにするために10kg程度のものとする。

　捜索用のブイの数は、後述する捜索法によって異なるが、2つのブイを使用する場合

[*2]　ブイに取り付けるロープは、太さ10～12mm程度のもので、波高や水流によって流されないようにするために、水深に比べ、やや長めにして使用する。その際、ロープが極端に長い場合は、「ダブルチェーンノット」により、長さを調節しておくようにする。このロープは法令で定められている「潜降索」の役割を兼ねているので、以前は減圧点（6m、3mなど）を示す結び目など、目印となるものを取り付けることが推奨されてきた。
　しかしながら、スクーバ隊員が行う潜水活動は、深度が浅く、しかも無減圧の範囲であることや、各自が深度計を所持していることから、現在は、結び目などを入れることはなくなった。

は、あらかじめそれぞれのブイの下の重りにロープ（基線）を取り付けておき、次のような手順でブイを設置する。

手順

1. まず、基点ブイの重りを投入して、基点ブイを設置する。
2. その後、捜索する方向に基線を張りながら船を移動させる。
3. 目標地点に到着したら、2つ目のブイに付けた重りを投入し、2つ目のブイを設置する。
4. 基線の緩みの有無は、指導員が潜って確認をする。

なお、船舶が往来するような水域では、それらの船舶に警告を促すために、別途捜索ブイを設置するとよい。

5　警戒船の配備

潜水活動を行う現場では、原則として[*3]警戒船を配備する必要がある。通常、本船は救助艇並びに収容艇を兼ねるため、少なくとも2～3名の隊員を乗船させる必要があるが、その多くは潜水の経験者[*4]であることが望まれる。

6　作業手順、索信号及び手信号の確認

不明者を発見してから収容するまでの手順並びに索信号や手信号などを再確認した後、速やかに捜索を開始する。水中で隊員間の意思疎通のために使用する索信号の意味は、表7－1に示すとおりである。

また、陸上の指揮官からの呼び掛けや陸上又は監視船に向けて救助を求める場合の手信号とその意味は、図7－1－1、図7－1－2に示すとおりである。

また、水中におけるダイバー同士の手信号に関して、最低限次のことは知っておく必要がある。

[*3] 警戒船の役割の一つは、スクーバ隊員に緊急事態（たとえば、予想外の水流や冷水などによる疲労や機器のトラブル）が発生した場合に救助活動を行うことである。そのため、警戒船には、素早く現場にたどり着くことができるように、船外機などのエンジンが備え付けられているべきである。ただし、小さな湖沼、川幅が狭い河川、滝つぼといった水域では、警戒船を配備することが不要であったり、配備できないことがある。そのような場合は、緊急事態に備えて陸上にロープをくくり付けた救命浮環などを用意しておくことが必要である。

[*4] 緊急事態を告げる隊員の「手信号」や異常な行動を見逃すと、重大事故を引き起こす可能性があるため、警戒船には緊急事態を伝える様子を察知することができる隊員が乗り込むことが望まれる。

第1 事前準備及び現場での作業

表7−1　索信号とその意味

索信号	意味
1回引く	止まれ又は異常なし
2回引く	進め又は了解
3回引く	浮上
4回引く	発見
連打	異常事態発生

手信号	ポーズ	意味
 	両手を頭上に伸ばして円を描くようにするか、又は片手の指先を頭上で立てるようにして半円を描くようにする。	了解又は異常なし。
	両手又は片手を横に伸ばして水面を激しく叩く。	助けてくれ！

図7−1−1　手信号とその意味

第7章　捜索と回収（収容）

手信号	ポーズ	意味
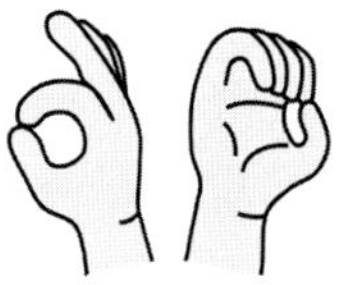	一方の手の親指と人差し指で輪を作る。	了解又は異常なし。
	胸の前で両腕を交差させ×を作る。	ダメ。異常事態発生。痛みなどの異常が発生した場合には、その箇所を人差し指で指し、×を作る。
	こぶしを握り、親指のみを下に向け、腕を上下させる。	潜降（下降）しろ。
	こぶしを握り、親指のみを上に向け、腕を上下させる。	浮上（上昇）しろ。
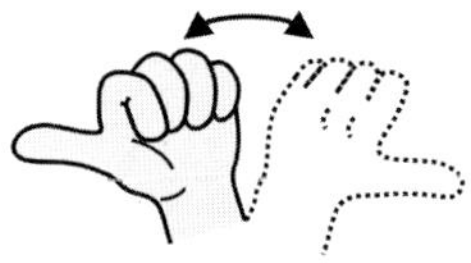	こぶしを握り、親指のみを進行方向に向け、その方向に向け腕を振る。	親指の示す方向（左右、前後）に進め。
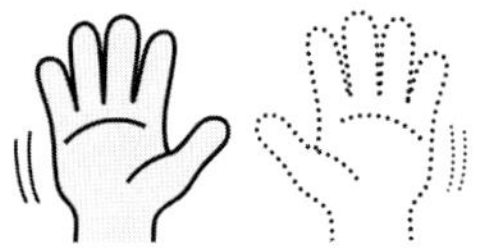	片手又は両手の指を広げ、腕を前面に突き出す。	待て。止まれ。
	両手の指を開き、手のひらが前を向くようにしてそれぞれの耳にあてる。	耳をすませ。
	こぶしを握り、胸を叩く。	苦しい。
	指を伸ばし、親指を小指の方に向けて腕を曲げ、喉の辺りで左右に動かす。	空気がこない。

図7−1−2　手信号とその意味

第2 各種捜索法による潜水活動

　捜索法は、大別して7種類が存在する。その使い分けは、場所や捜索範囲、それにスクーバ隊員の数などによって決定される。中でも比較的多く実施されているのは、環状捜索法及びジャックステイ捜索法である。それぞれの捜索法とその概要を**表7－2**に、概要図を**図7－3～図7－8－4**に示す。

　なお、各図中の①～④はスクーバ隊員の潜降する順番と着底後の配置を示すが、多くの場合、①と②をほぼ同時に潜降させるようにする。それは、マーカーブイを使用する場合にそれが潜降索や基点ブイに絡むおそれがあるので、それに対処するためと、バディシステムをとるためである。

表7－2　各種捜索法の概要

	捜索法	適応場所	捜索人員	捜索条件
1	バディ捜索法	海（沿岸～沖合）、湖沼など	2名	範囲が特定されない場合 範囲が特定され、2名で行う場合
2	ドリフト捜索法	海（沿岸～沖合）	2～5名	範囲が特定されず、透明度が高い場合
3	基線捜索法	海（沿岸～沖合）、河川など	4～5名	ほぼ範囲が限定される場合
4	横隊捜索法	河川、海（岸壁）	4～5名	
5	環状（円形）捜索法	海（沿岸～沖合）、湖沼など	4～5名	
6	半円捜索法	海（岸壁～沿岸）、湖沼など	4～5名	
7	ジャックステイ捜索法	海（沿岸～沖合）、湖沼など	5～7名	

1　バディ捜索法（図7－2）

　捜索範囲が限定されない場合、又は捜索範囲が限定されるがスクーバ隊員の数が少ない場合に行う方法であるが、あまり効率的ではない。決して素潜りで行うべきではない。

2　ドリフト捜索法（図7－3）

　本法は、レジャーダイバーたちが行っている潜水法を引用したもので、潮の流れに乗って捜索をするために、ガスの消費量を節約でき、しかも、運動負荷量を軽減できるといった利点がある。透明度が高く、水底を見渡せるような場所において、BCの中性浮力を保持しながら捜索活動を行うのに適した方法である。しかしながら、流れの方向のみの捜索しか実施できないといった問題があるため、捜索活動ではあまり実施されていないようである。

第7章　捜索と回収（収容）

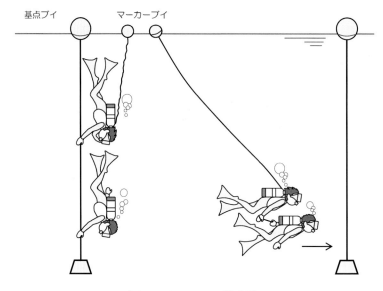

図7－2　バディ捜索法

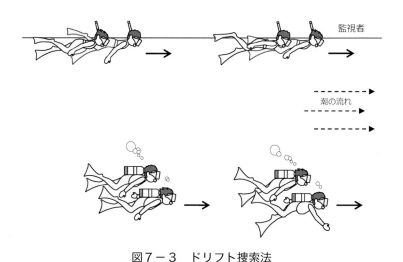

図7－3　ドリフト捜索法

3　基線捜索法（図7－4）

　本法は、基点ブイともう1個のブイ（第2ブイ）を浮かべ、それぞれのブイから垂らしたロープの先に10kg程度の重りを付けて、重り同士を結んだ基線ロープに沿って捜索する方法である。これは、後述するジャックステイ捜索法の基礎となる捜索法で、沖合や河川・湖沼の中央部で実施することもあるが、岸壁や（急深な）川岸に沿った場所の捜索にも活用される。この場合、各ブイは陸上に置き、そこから降ろした重り同士を結んだ基線ロープを岸壁に沿って設置し、それをたどって捜索を行うこともある。一般的に行われて

いる当該捜索法の手順を次に、概要を図7－4に示す。

手 順

1. 前述の要領で、2つのブイを設置する。
2. 準備ができたら、指揮官の号令で、スクーバ隊員が入水する。その際、①は、捜索ロープ[*5]を保持する。
3. 入水後は、各自異常のないことを確認した後、陸上の指揮官にOKサインを送り、投入されたマーカーブイを近くの隊員が保持して、全員で基点ブイに向かう。
4. 基点ブイに到達したら、②にマーカーブイのロープを取り付け、準備が整ったら、①の号令で、基点ブイに取り付けたロープに沿って、まず①と②が同時に潜降する。
5. 着底したら、②は①から捜索ロープの一端を受け取って、それを展張しながら[*6]、最先端となる所定の位置に向かい、位置に付いたら①に「準備OK」の索信号を送る。
6. 索信号を受けた①は、基点ブイを引いて他の隊員たちの潜降を促す。それに従って、③、④の順で順次潜降し、着底したら所定の位置に着く。その際、最後に位置に着く隊員（①の横に位置する隊員）は、①の肩を叩き、全員配置に着いたことを伝える。ここまでの潜降を開始して捜索を開始するまでの一連の流れは、以後に示す他の捜索法でも同様である。
7. ①の索信号により、あらかじめ決められた方向へ向けて捜索を開始する。捜索中は、捜索ロープを緩ませないことや、横の隊員と同様のペースで泳ぐように心掛けるとともに、索端となる②は常に外側の方向を目指して泳ぐようにする。

なお、潜降中に耳抜きができないなどといった、体調不良の隊員が出た場合は、その隊員を単独で浮上させるか、あるいは全員で浮上するかをあらかじめ決めておくことが必要

[*5] 水の抵抗を受けにくいことや、扱いやすさの面から、使用するロープの太さは6mm程度のものが多く使用される。長さは、そのときの隊員数、透明度、対象物の大きさなどにより使い分けをするが、通常は隊員が2〜3m間隔で並ぶ程度のものを使用するようにする。ただし、捜索物が車両のような大型で、高さのあるものであれば、捜索ロープにかかりやすいので、たとえ透明度が低い場合でも、長めのものを使用する方が効果的である。持ち運ぶときはダブルチェーンノットで結んでおくとよい。

[*6] 捜索ロープ（バディ策）を展張する方法には2つある。1つ目は、水面で展張（水面展張）して、隊員を所定の位置に着かせた状態で潜降する方法で、2つ目は、水中で展張（水中展張）し、それに添って順次潜降させる方法である。著者らは、後者を推奨している。それは、耳抜きがうまくできない隊員がいる場合は、潜降速度が乱れて捜索ロープが緩んでしまい、思いどおりの活動ができなかったということを幾度となく経験したからである。

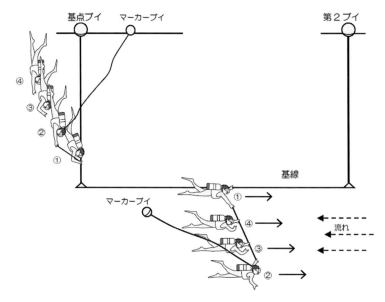

図7－4　基線捜索法

である。単独で浮上させることは、本来とるべきバディシステムの体制が崩れるため、極力避けるべきである。しかしながら、水深が浅い場合や水上の安全体制が十分確保されている場合は、単独で浮上させても構わないが、その場合、浮上しようとする隊員は、基点ブイに付けたロープ（潜降索）を引いて、①に異常を告げてから浮上するようにする。

4　横隊捜索法（図7－5）

　上記の基線捜索法を横隊捜索法と呼ぶこともあるが、ここでは、主に河川や岸壁に沿って横一列になって捜索する方法を横隊捜索法と呼ぶこととする。河川の場合は、川幅が狭くて水深が浅く、しかも、流れが比較的緩やかな場所に適した捜索法であるといえる。
　本法を実施するにあたっては、大別して3つの方法がある。1つ目は、捜索ロープを保持する補助員（テンダー）が河川の両岸にいる場合、2つ目は、片岸にのみテンダーがいる場合、3つ目は、テンダーがおらず、岸壁などに沿って基線を設置する場合である。
　なお、本捜索法において、テンダーが存在する場合は、やや太めの捜索ロープを使用する。それぞれの手順を次に、概要図を図7－5－1～図7－5－3に示す。

手順

1. 河川の両岸にテンダーがいる場合（図7-5-1）は、捜索ロープ（12mm程度の太さ）の両端をそれぞれのテンダーが保持し、川を横切るようにしてロープを張る。
2. スクーバ隊員は、入水後、横一列に並んで捜索ロープを保持する。
3. 準備ができたら、両岸のテンダーがスクーバ隊員を引っ張るようにして上流に向けて歩き出し、捜索を開始する。
4. 一方（片岸）にしかテンダーがいない場合（図7-5-2）は、テンダーが手にした捜索ロープの一端を②が保持して入水し、対岸に向けて泳ぎ出す。他の隊員は②に追従して入水し、所定の位置に着く。
5. 準備ができたら、片岸のテンダーがスクーバ隊員を引っ張るようにして上流に向けて歩き出し、捜索を開始する。
6. 岸壁などに基線を設置する場合は、図7-5-3に示すような体制で、基線捜索の要領で行う。

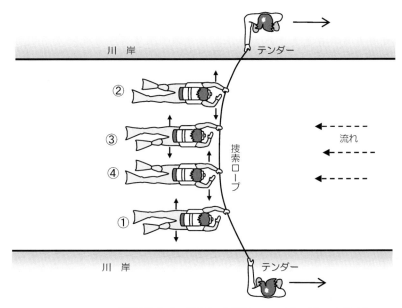

図7-5-1　横隊捜索法（河川の両側にテンダーがいる場合）

第7章　捜索と回収（収容）

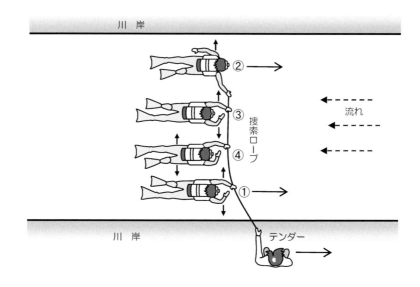

図7-5-2　横隊捜索法（河川の片側のみにテンダーがいる場合）

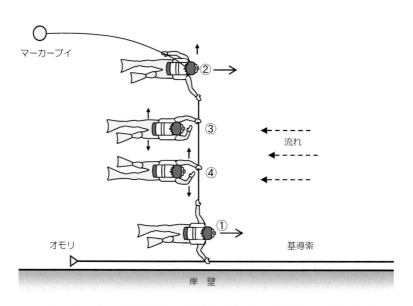

図7-5-3　横隊捜索法（岸壁などに基線を設置して行う場合）

5　環状（円形）捜索法（図7-6）

　捜索範囲がある程度限定される場合、最も多く活用される捜索法である。本捜索法の利点は、基線捜索法や後述するジャックステイ捜索法に比べて比較的容易に、しかも短時間で実施できることである。

通常行われる環状捜索法は、1個のブイを使用し、その先に付けた重りを基点として円を描くようにして行うが、この方法は、透明度の低い水域では始点と終点、すなわち1周したことを確認するのが困難となることがある。

そこで、著者たちは、環状捜索法の場合でも、基線捜索の場合と同様に2個のブイを使用し、ブイの間に張られた基線上から捜索を開始し、再度基線に戻ったら捜索を終了するといった手法を取り入れた。それにより、極めて精度の高い環状捜索を行うことができているので、本法も併せて記載する。

手　順

1. 1個のブイ（基点ブイ）のみ使用する場合（図7－6－1）は、前述の基点ブイのみを捜索地点に浮かべる。この場合、基線ロープは使用せず、捜索ロープ（バディ索）のみを使用する。
2. 基線捜索法の要領で入水、潜降し、捜索の準備ができたら、①の索信号を合図に、「反時計方向」に向けて弧を描くように捜索を開始する。
3. 2個のブイを使用し、基線を設置する場合（図7－6－2）は、「3　基線捜索法」の要領でブイを設置した後、①と②から順次潜降し、潜降後は基線上で所定の位置に着き、①の号令でそこから捜索を開始する。
4. 捜索を終え、全員が再度、基線に到着した時点で終了となる。

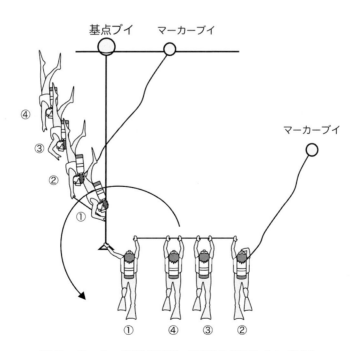

図7－6－1　環状捜索法（基線を使用しない場合）

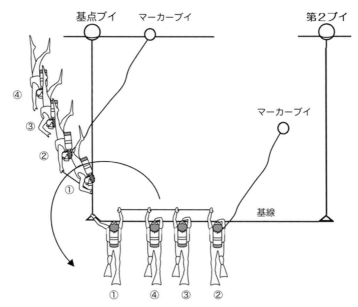

図7-6-2　環状捜索法（基線を使用する場合）

6　半円捜索法（図7-7）

　岸壁周辺や川岸周辺などの捜索に活用され、文字どおり半円を描くように行う方法である。本法には、陸上のテンダーが基点となる場合（図7-7-1）と、岸壁（川岸）近くに基点となる重りを置くか、①が基点となる方法（図7-7-2）がある。①が基点となる場合は、位置を移動しながら、基点と索端の役割を交互に変更しながら行う方法（図7-7-3）もある。

手　順

1　テンダーが支点となる場合は、テンダーが手にした捜索ロープを全員で保持して反円を描くように実施する（図7-7-1）。

2　そのときの捜索で捜索物を発見できなかった場合は、再度体制を整えてから改めて次の捜索を実施する。

3　水位が高い又は水深が深い場合は、①が片手で岸壁などに触れながら捜索する方法や、岸壁に沿って基点ブイを設置し、その下に取り付けた重りを支点にして半円を描くように捜索を実施する方法（図7-7-2）がある。特に、片手で岸壁に触れながら捜索する場合は、索端ダイバー（②）に引かれて、岸壁などから基点ダイバーの手が離れてしまうことがあるので、注意しなければならない。

4　繰り返し、連続して行う方法もある（図7-7-3）。その場合、最初に①が基

点、②が索端となって半円捜索を行い、それが終了したら、体制を立て直し、次回は②が基点、①が索端となるようにして、繰り返し半円捜索を行う。本法は、一部、捜索箇所が重複するものの、連続して反円捜索を行うことが可能となる。

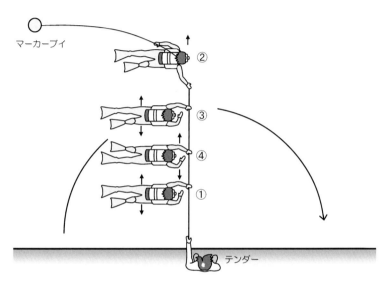

図7-7-1　半円捜索法（水位が低く、テンダーが支点となる場合）

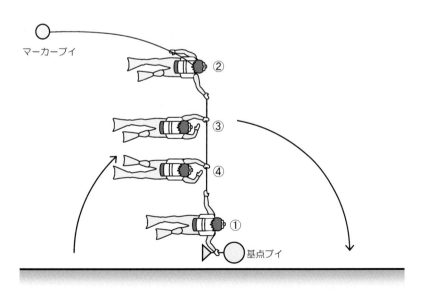

図7-7-2　半円捜索法（水位が高いときなどで基点ブイを使用する場合）

第7章 捜索と回収（収容）

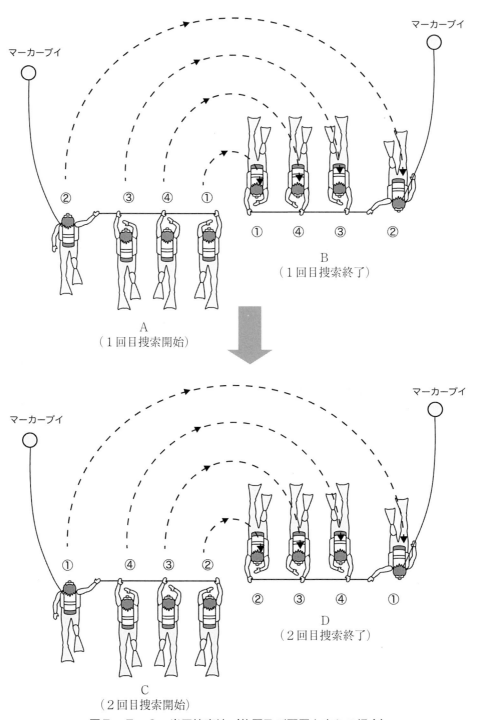

図7−7−3 半円捜索法（位置及び配置を変える場合）

7 ジャックステイ捜索法

　本法の原型は、NOAA（米国海洋大気局）のダイビングマニュアルなどに記載されているように、2人のダイバーが水底に張られた重りと重りを結んだロープ（基線又はジャックステイライン[*7]）に沿って格子状に捜索する方法である。透明度の低い場所で小さな対象物を捜索するのに最も適した方法であるといわれる。

　一方、現在国内のスクーバ隊員に周知されているジャックステイ捜索法は、それとは大きく異なるものである。それは、4～5名以上の隊員が横一列に並び、水底に張られた基線に沿って楕円形を描くようにして行う方法である。このルーツについては明らかではないが、米海軍又は海自が多人数用の捜索法として独自に作り上げたものなのかもしれない。

　そこで本書では、2人で行う方法をオリジナルジャックステイ捜索法、多人数で行い、スクーバ隊員たちに広く周知されている方法をジャックステイ捜索法として記載する。

(1) オリジナルジャックステイ捜索法（図7-8-1～図7-8-4）

手　順

1. まず、ロープの下に重りを付けた2個のブイ（第1ブイ、第2ブイ）を設置し、それぞれの重りをロープ（ジャックステイライン）で結び、張った状態にする。
2. 潜降に先立ち、スクーバ隊員（バディ）は、水面で、あらかじめ捜索範囲を長方形の範囲に設定し、捜索する方向をコンパスで見定めておく。
3. 次いで、第1ブイから潜降し、着底したらそれぞれの隊員は、ジャックステイラインを挟むように位置し、片手でそれを保持しながら第2ブイの方に向かって捜索を開始する。
4. 第2ブイの重りに到着したら、その重りを事前にコンパスで見定めておいた方向に移動させる。その際、透明度が高い場合は比較的長めに移動させ、そうでない場合は短めに移動させる。

　それにより、ジャックステイラインが対角線状に張られた状態になるので、今度はそれに沿って、第1ブイの方向に向かう。そうすることにより、格子状の細やかな捜索を実施することができるため、小さな対象物を捜索するのに適した方法であるといわれる。

5. 以後はこれを繰り返し行う。

[*7] NOAAのダイビングマニュアルでは、それぞれ（2個）のブイの下にくくり付けた重り同士を結んだロープ（基線）をジャックステイラインと称している。

第7章　捜索と回収（収容）

概念図　　　　使用する用具

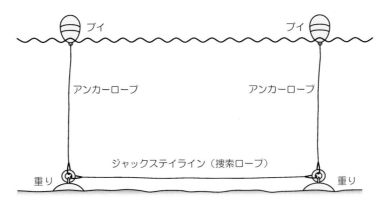

図7－8－1　オリジナルジャックステイ捜索法（ブイや索の設置法）

捜索パターン

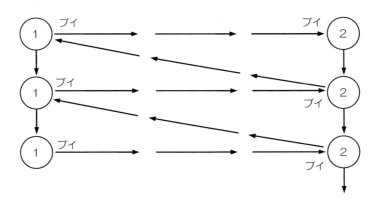

図7－8－2　オリジナルジャックステイ捜索法（矢印に向けて行う）

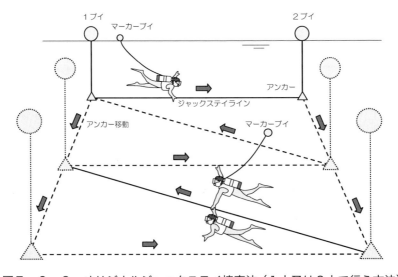

図7－8－3　オリジナルジャックステイ捜索法（1人又は2人で行う方法）

(2) ジャックステイ捜索法（図7－8－4）

手　順

> 1　「(1)　オリジナルジャックステイ捜索法」の要領で2個のブイを設置し、それぞれのブイの下に取り付けた重りにロープ（基線）を取り付ける。
> 2　入水後、全員で基点ブイに向かい、準備ができたら①の合図で順次潜降する。
> 3　潜降後、全員が所定の位置[*8]に着き、捜索ロープを展張したら、①の索信号を合図に、反時計方向に向けて捜索を開始する（図7－8－4）。その際、捜索ロープを常に張った状態にしておくことが肝要であり、緩ませてしまうと、隊列が乱れ、失敗することが多くなるので注意する。

概念図

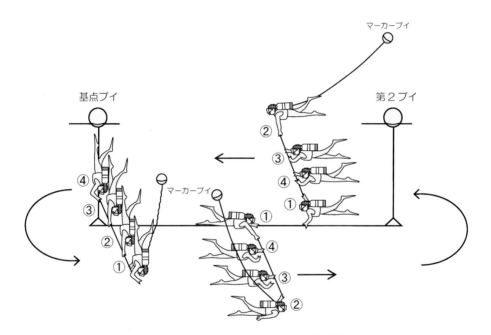

図7－8－4　ジャックステイ捜索法

*8　通常は、水中展張した後には、①を基準として横一線（基線とほぼ直角）に並んでから捜索を開始する。しかし、透明度が極めて低い場合や流れがある場合は、たとえ水中で横一線に並んだとしても、基線とほぼ直角の体勢をとることが困難になる。そのように、初動の体勢が不十分な状態で捜索を開始すると、失敗する可能性が高くなる。

　そこで、著者らは、前記の環状捜索法（図7－6－2）の要領で、潜降後の水中展張を基線上で行わせた後、その場で横一線に並ばせてから捜索を開始させるようにした。その場合、通常の捜索法と比較して捜索範囲の一部が重複することになるが、反面、失敗例が大幅に減少した。

第3 回収（収容）作業

　消防のスクーバ隊が行う作業は、人身事案による水没した不明者の捜索及び収容作業が主であるが、まれに補助的作業として、水没車両のワイヤー掛けや回収作業を行うこともあるようである。一方、機動隊のスクーバ隊は、前記の作業に加え、犯罪捜査の裏付けとなる証拠品の回収作業などがあり、彼らの行う潜水活動の大半はその作業に費やされる。

　当然のことながら、このような作業の中には緊急性を要する場合とそうでない場合があるので、指揮官やスクーバ隊員は、それを見極め、「決して二次災害を起こしてはならない」ということを常に念頭に置いて作業にあたるべきである。特に、緊急性を要するのは、人身事案で不明者を救助できる可能性がある場合である。そのような事案であっても、作業の遂行にあたっては、当該事案が事故なのか自殺なのかという見極めも重要となる。事故の場合は、自分の意思で事案が発生したわけではないので、「助かりたい人」が救助を求めるのである。したがって、その捜索及び救助活動には緊急性が要求されるために、状況によっては、高いリスクを負って潜水活動をしなければならないことも予測される。

　なお、いかに緊急性を要する事案であっても、素潜りや単独での救助活動は極力避けるべきであり、潜水活動を行う場合は、スクーバ潜水で、バディシステムの下で実施すべきである。

　その他、人身事案において、事案発生時の目撃情報もない状態で不明者を捜索・収容するにあたっては、事件の可能性がゼロだと判明するまでは、事件、事故の両面から不明者を取り扱うことが必要となる。

1 現場保存

　人身事案において、事件の可能性が拭えない場合は、不明者を発見した際の状況を可能な限りメモや写真又はビデオ映像として残すことが必要である。そのときのチェックポイントは、次のとおりである。

○不明者の発見場所
○不明者の発見状況（体位などの全体像、衣類の状況、シートベルトの着用状況、外傷の有無など）
○周囲の状況（不明者と関連物品の有無など）
○水没車両の状況（水没状況、ブレーキ及びその周辺の状態、ギアの位置、ドアの開閉及びロックの状態、イグニッション・スイッチ（キー）のオン・オフの状態、ダッシュボード内の紙類などのチェック）

これらは、事件の可能性を立証又は否定する「決め手」となる重要なポイントとなる。そのため、陸上に引き上げる際に破損したり、流失したりして水中での状態が把握できなくなってしまうおそれのあるものを集中的にチェックすることが必要となる。

2 不明者の収容

先に述べたとおり、不明者の収容作業は報道関係者や野次馬にとって最も興味をそそられる場面であると同時に、遺族にとっては心が痛む場面である。したがって、不明者を発見したならば、その収容作業は可能な限り周囲の目にさらすことなく隠密裏に、しかも、手際よく行うべきである。

(1) **損傷が少ないか、死後の経過時間が短い不明者**

不明者が子供や小柄な大人で、衣類を身に着けている場合は、抜け落ちないように注意しつつ衣類をつかんで引き上げるか、不明者を抱えるようにして引き上げる。また、そのような方法が困難な場合には、後述する水切れのよい網担架や収容ネットなどを使用する。

(2) **損傷が激しいか、腐乱している不明者**

最良の方法は、水切れのよい収容ネットを使用することであり、それにより、不明者の一部を失うことなく収容できる。図7−9−1、図7−9−2は収容ネットの取扱法を示したもので、図7−9−2は収容ネットにアクアリフターを取り付けた例である。

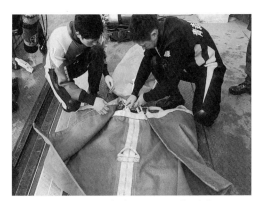
図7−9−1　収容ネットの使用法−1

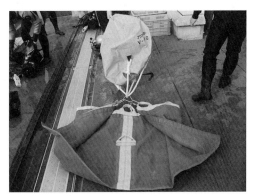
図7−9−2　収容ネットの使用法−2

(3) **水没車両の中にいる不明者**

この場合、可能な限り不明者を収容してから車両を引き上げるべきであるが、それが不可能な場合は、車両を引き上げる際に不明者が外に出ないように細心の注意を払いながら作業を行うようにする。できれば、ネットなどで車全体を覆うか、壊れた窓枠にネットを張るようにするとよい。

特に、水没車両が立位の状態のときは、車体が転倒するおそれがあるので、最大限の

注意を払いつつ作業にあたる必要がある。

なお、水没車両が乗用車ではなく、トラックやタンクローリーのような場合は、搭載していた物質が何であったかを確認し、必要に応じて安全対策（フルフェイスマスクやドライスーツなど）を講じた上で収容作業に取り掛かるべきである。

(4) 水没した航空機の中にいる不明者

航空機事故の場合は、墜落時の速度や着水時の角度によって機体並びに不明者の損傷の度合いが異なるが、多くの不明者は、水没車両の場合とは比べものにならないほどの損傷を受けており、あたかもバラバラ死体のように不明者の一部を断片的に回収するといった作業を強いられることが少なくない。特に、大型の航空機の場合には、犠牲者が多いために、個人を認識する手掛かりとして、より多くの部位や遺留品を回収することが必要となる。

しかしながら、このような状況下で潜水活動を行うことは、スクーバ隊員にとって、精神的にも極めて過酷な作業になることはいうまでもない。さらに、捜索（収容）活動が機体内部に及ぶ場合、特に注意すべきこととして、破損した機体の断片が鋭利な刃物と同様に極めて危険であること、燃料が漏れ出している場合はそれにより皮膚疾患や呼吸器疾患を引き起こす危険があることを十分認識した上で対処すべきである。

3 水没車両の回収

明らかな事故や自殺と断定できない場合には、事件の可能性を視野に入れた上で回収作業にあたるべきである。その際、有力な情報を与えてくれるのが、スクーバ隊員自身による目視、それに水中写真や水中ビデオによる映像である。

しかしながら、多くの場合、透明度の低化や人手不足などの理由により、カメラやビデオ撮影によって情報を得ることが困難であることから、車体を引き上げる場合は車体の損傷を極力少なくし、なるべく水没した状態を保つような配慮が必要となる。特にブレーキ周りの変化、それにシフトレバーやエンジンキーの位置などは、その後の検証で重要な証拠となるので、決して触れてはならない。

水没車両の引き上げに先立ち、原則としてスクーバ隊員が水中で確認すべきことは、次のとおりである。

○外観上の破損状態
○ドアや窓の開閉状態
○ドアロックの状態
○シフトレバーやエンジンキーの位置
○アクセルペダル周辺の物品やブレーキペダル周辺の物品の有無など

水没車両は、入水時のスピードや入水地点と陸上からの高さ、水深、水流などにより、水没車両が存在する位置が入水地点と大きく異なる[*9]ことがある。
　そのため、それを捜索する場合は、目撃情報を基に、これらのことも考慮した上で、効率よく実施することが望まれる。また、着底状態は、前記の条件に加え、車体の形状により多様化する[*10]。そのため、水没車両を揚収する場合は、その時々の状況（主に着底状態）に応じて、(1)～(4)のような方法で実施するようにするが、ワイヤーやベルトを掛ける位置は、できる限り図7－10－1の位置にすることが好ましい。

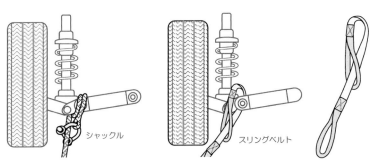

図7－10－1　ワイヤーやベルトスリングを掛ける位置と掛け方

　なお、水没車両が陸から離れた場所に存在する場合は、大型のアクアリフターなどを用いて、水底から車体を浮揚させた状態で揚収場所付近まで引き寄せた後に揚収するようにする。

(1)　走行状態の車両
　　走行状態で着底している場合は、図7－10－2のように、車軸や屋根部のピラーなどにワイヤー又はスリングベルトを掛けるようにする。
　　しかし、車体が激しく腐食している場合は、それらをピラーに掛けると車体を支えきれなくなり、回収中に落下する危険があるので、車体全体を覆うようにしてワイヤーな

[*9]　低い場所から高速で入水した場合の車両は、入水地点の延長上に位置することが多いが、流れや底質の状態により下流方向に流されることも考慮しておく必要がある。また、同様な場所から低速で入水した場合は、陸近くの場所に位置することが多い。
　　一方、高い場所から高速で入水した場合は、陸から比較的遠い場所に、ほぼ前のめりの状態で落下することが多い。これに対し、同様な場所で低速で入水した場合は、陸に近い場所に前のめりの状態で落下することが多いが、流れが強い場合は、下流に流されることがある。
[*10]　低い場所から高速で入水した場合の車両は、走行状態のまま水没していることが多いのに対し、高い場所から高速で入水した場合は、多くの車両が転倒するため、走行状態で水没していることはほとんどない。
　　一方、低速で高所から転落した場合は、まれにフロント部分を下にして立位状態で水没していることがある。

どを掛けるようにする。

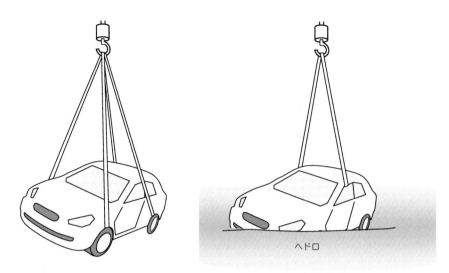

図7-10-2　ワイヤーなどを掛ける位置（走行状態で水没している車両）

(2) 転倒状態の車両

　水没車両が転倒している場合は、可能な限り前後2か所の車輪近くの車軸にバランスよくワイヤーなどを掛ける（図7-10-3）。しかし、車体の一部がヘドロなどに埋没し、前輪又は後輪しか露出していない場合は、車体に取り付けるワイヤーなどは、露出している側の車軸に掛けるようにする。その際、車体に堆積しているヘドロは、できる限り水中又は水面で除去するようにし、極力、クレーンに負担をかけないようにする。

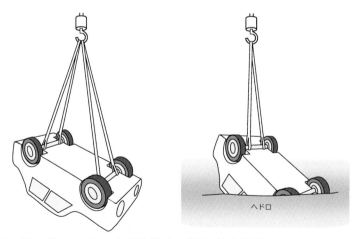

図7-10-3　ワイヤーなどを掛ける位置（転倒状態で水没している車両）

(3) 立位又は横向き状態の車両

　これらの状態で水没している車両は、潜水活動中に転倒する可能性があるため、あら

かじめ、それを防止するための対策（クレーンのワイヤーを掛けたり、後述する大型のアクアリフターを使用するなどの対策）を講じた上で作業を実施すべきである。

万一、そのような策を講じることができない場合は、車体の下を通過することや、その下に入って作業をすることは決して行うべきではない。

このような車両を揚収する場合は、上部になっている部分の車軸にワイヤーなどを掛けるようにする（図7－10－4）が、可能であれば車体を倒してから作業を行うことも考慮すべきである。

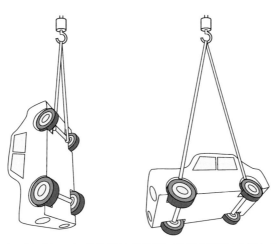

図7－10－4　ワイヤーなどを掛ける位置（立位状態で水没している車両）

(4) 岸辺（岸壁）から離れた場所にある車両

水没している車両の多くは、船舶とは異なり、元々は事故や自殺といった理由により水没しているために、比較的陸域近くに存在することが多い。

しかしながら、高速のまま岸壁から落水した場合や、湾内に流れが発生するような場所[*11]では、陸域から離れた場所に車体が存在することがある。そのような場合は、クレーン船を利用するのが最良の策であると思われるが、この方法ではスクーバ隊員が関与する可能性は低くなるとともに、緊急性を要する場合は現実性に欠ける。

そのような現場でスクーバ隊が関与し、有効に活用することができるのが、大型のア

[*11] 通常、湾内は顕著な流れがないために、水没した重量物は、おおむね水没（発見した）地点にとどまると思われがちである。ところが、大型の船舶が頻繁に出入りするような港湾では、車両のような重量物であっても、水没地点からかなり離れた場所で発見されることがある。それは、湾内の海底の多くが滑りやすいヘドロであることや、大型の船舶が出港するときにスクリューを高速回転させることによって発生する激しい水流の影響を受けるからである。そのような状況では、車両などは比較的容易に海底を移動する可能性が高くなる。特に車体は構造上、その影響を受けやすく、一晩で50m近く移動したとの報告もある。

クアリフターである。その活用法は、車体を浮き上がらせる能力のある大型のアクアリフターを車体に取り付け、そこに多量の空気を送り込んで車体を水底からある程度の高さまで浮き上がらせる。その後、陸上の隊員たちが保持したロープを車体にくくりつけ、クレーン車のワイヤーが届く位置まで車体を手繰り寄せるといったものである。

4 航空機の回収

大型のクレーン船のような大掛かりな重機を使用することが多いため、その作業の主要な部分は、潜水業者に委託されることが多い。

特に旅客機などの航空機事故の場合は、訓練を積んだ自衛隊の潜水部隊が中心になって、潜水作業にあたる可能性が極めて高くなると思われる。しかしながら、当該事故が沿岸や比較的水深の浅い場所で発生した場合は、スクーバ隊が出動する可能性が極めて高くなる。そのような場合は、指揮官たちの慎重な判断の下で役割分担を明確にした上で、慎重に潜水活動を実施すべきである。

5 証拠品の回収

犯罪捜査の裏付けとなる証拠品の捜索及び回収作業は、機動隊のスクーバ隊が行う潜水活動の中で最も多い作業である。証拠品が小型で軽量な物であれば、発見後に容易に回収できるであろうが、大型で、しかも重量の重い金庫や自動販売機のような物がヘドロに埋もれた状態にある場合は、極めて困難な作業となることが予測される。

そこで有用となるのが、後述する石材クランプとアクアリフターの活用である。これは角張った重量物を引き上げるのに威力を発揮する。

これらの使用手順は、次に示すとおりであるが、作業の実施にあたっては、最低限2名を1組として実施する。

手　順

1　アクアリフターを取り付けた石材クランプを所定の位置まで運ぶ。その際、石材クランプは極めて重い（60cm 幅で約25kg）ので、あらかじめアクアリフターに空気を入れて水面付近を浮かせるようにして運ぶ。

2　所定の位置（対象物を発見した場合はその位置を示すため、あらかじめ目印となるものを浮かべておく）に着いたら、アクアリフターの空気を徐々に抜き、着底したら石材クランプのアームを対象物の両側にはめ込む。

3　はめ込みが完了したら、一人が石材クランプのストッパーを解除し、もう一人がアクアリフターに空気を送り込み、浮力を確保して対象物を水底から浮かせる。

4　水底から浮かび上がったら、その下に後述するモッコやスリングベルトを敷き、

再度、アクアリフターの空気を抜いて対象物をその上に置く。

5 証拠品が水没している場所が陸域近くで、クレーンのワイヤーが届く範囲であれば、モッコやベルトをそのままクレーンの先に取り付けて引き上げを行う。陸域から離れた場所では、前記の要領である程度水底から浮かせた状態で、クレーンのワイヤーが届く場所まで運び、その後、モッコなどを使用して引き上げる。その際、注意すべきことは、石材クランプで保持したまま重量物を水上に引き上げると滑り落ちるおそれがあるため、石材クランプを使用するのは水面までとし、水上への引き上げは、必ずモッコやスリングベルトを使用するようにする。

〈参考文献〉

1 海洋研究開発機構　海洋工学センター（2008）『改訂第4版　スクーバ隊員のための捜索マニュアル』海洋研究開発機構.
2 海洋研究開発機構　海洋工学センター（2004）『潜水研修テキスト』海洋研究開発機構.
3 中央労働災害防止協会（2015）『潜水士テキスト―送気調節業務特別教育用テキスト』中央労働災害防止協会.
4 National Oceanic and Atmospheric Administration（2002）『NOAA Diving Manual』U.S.Department of Commerce.

第8章

潜水活動における有用な用具や機器

第1　安全を向上させるためのもの

1　マーカーブイ

　マーカーブイ（**図8-1**）は、水中におけるスクーバ隊員の所在を知る上で極めて有効である。通常、水中で潜水活動するダイバーの所在は、泡で確認するが、風波により波高が高い場合や、岸辺（又は監視船）から離れた場所で潜水作業を行う場合は、泡による所在の確認は困難となる。このような場面で有用となるのが、マーカーブイである。

　著者たちが海域訓練を行う際に使用したマーカーブイは、小型船の防舷材として使用される直径25cm程度のゴム製のもので、これにロープと

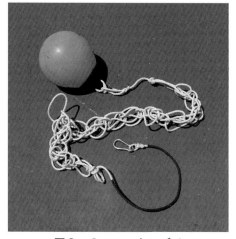

図8-1　マーカーブイ

カラビナを取り付けて使用した。使用時には訓練生（バディ潜水の場合は一方の隊員に、グループ潜水の場合は索端となる隊員）のBCの上部にカラビナで取り付け、ロープの長さは水深プラス1～2m程度になるように調整した。

　また、当該用具は、所在確認だけではなく、通信用としても活用できる。特に、水中で緊急事態が発生した場合や対象物を発見した場合等に、マーカーブイを引く回数により何を意味するのかをあらかじめ関係者に周知しておくことで、スクーバ隊員と陸上の隊員との意思の疎通を図ることができる。

第1 安全を向上させるためのもの

2 水中交話装置

　水中でスクーバ隊員同士が会話する場合や、水中のスクーバ隊員と陸上の指揮官等との交信を行う場合に活用される。職業ダイバーの間では、作業の安全性や作業効率を高めるといった目的で広く普及しているものの、スクーバ隊員の間には、ほとんど普及していない。それは、コストの問題も無視できないが、職業ダイバーの多くは他給気のフーカー式やマスク式を使用するため、有線の交話装置が使用でき、極めて明瞭な会話を行うことができるためである。これに対し、スクーバ隊員たちが本装置を使用する場合は、他給気式ではないので、無線方式のものを使用せざるを得ない。その場合、会話が不明瞭で聞き取りにくいといった問題がある。

3 水中スピーカー

　水中スピーカーは、陸上の指揮官から水中のスクーバ隊員に対して指示を出す場合や、緊急事態が発生した場合の信号を発信する場合等に活用されるが、前記の交話装置とは異なり、一方的な会話しかできない。しかしながら、マーカーブイを併用することによって、交話装置と同様の活用をすることができる。

4 リザーブバルブ

図8－2－1　Jバルブを取り付けたボンベ　　図8－2－2　Kバルブを取り付けたボンベ

　これは、Jバルブ（図8－2－1）とも呼ばれ、万が一に備え、浮上するための予備（3MPa）のガスを保持しておくためのバルブであるが、近年市販されているボンベは、Kバルブ（図8－2－2）と呼ばれるタイプのものが取り付けられているため、通常は別

途購入して取り付ける必要がある。

　これをセットしておく（上げておく）と、ボンベ内のガス圧（残圧）が 3 MPa 程度に低下した時点で、ガスが出てこなくなる仕組みになっている。その時点（実際にはガスを吸いづらくなった時点）で、リザーブバルブを解除する（下げる）と、残りのガスが吸えるようになる。当然のことながら、それを解除したら、直ちに浮上を開始する。

　透明度が低く、残圧計を確認できないような場合や、作業に夢中になり、残圧計を確認することを怠るような場合は、ボンベ内のガスを吸い尽くしてしまう可能性があるので、それを防ぐための安全対策用として活用される。

　スクーバ隊の中には、リザーブバルブを取り付けたボンベを使用している隊もあるが、多くの部隊がKバルブの付いたボンベを使用しているのが現状である。スクーバ隊が活動する現場の多くが透明度の低い場所であることからすると、リザーブバルブは安全対策用の必需品であるといえる。

5　アクアブザー

　アクアブザー（**図8−3−1、図8−3−2**）は、ボンベ内の残圧がそれに設定された圧力に達したときに警報を発する装置で、主に浮上を促す目的でレギュレーターのファーストステージに取り付けて使用する。

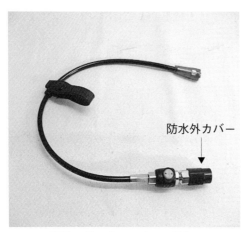

図8−3−1　アクアブザー

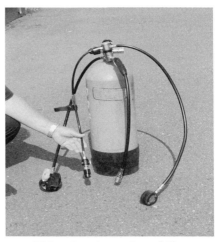

図8−3−2　アクアブザー
（高圧部への装着状態）

　現在市販されているものは、7 MPa、5 MPa、3.5MPa の3種類のタイプがあり、それぞれの先端の防水外カバーは、7 MPa＝黒、5 MPa＝白、3.5MPa＝オレンジに色分けされている。これらは共にリザーブバルブと同様、残圧計を確認できない場合や、確認を怠るおそれのある場合の安全対策用として、活用される。

6　ダイブホーン

近年、セーフティグッズとして普及しつつあるものの中に、ダイブホーン（図8-4）というものがある。これは、ボンベ内の空気を使って周囲に向けて警告音を発する装置で、BCの中圧ホースとインフレーターホースの中間に取り付けて使用する。

図8-4　ダイブホーン

7　ダイブコンピュータ（ダイコン）

近年、レジャーダイバーのみならず、職業ダイバーやスクーバ隊員たちの間でも多く活用されるようになった。本来は、内部に組み込まれた演算機能により、無減圧時間の限界を知らせ、減圧症の防止に役立てるものであるが、それ以外にも、実際に潜水を行ったときの潜水深度や潜水時間などが記録できて便利なため、今日では、ダイバーの必需品ともいえる存在になっている。

ただし、ダイコンに組み込まれた減圧症を防止するための基礎データは、あくまでも標準的な人間のモデルを前提にした理論値であるため、個人差やその時々の体調などを考慮する必要があるといわれる。したがって、スクーバ隊員たちが水深10m以深の場所で反復潜水を行う場合は、あらかじめ潜水計画を作成し、それにのっとって作業を遂行し、ダイコンは補足的に使用することが望まれる。

第2　作業効率を向上させるためのもの

1　アクアリフター

水中にある重量物を浮揚させる場合や水中で重量物を移動させる場合、アクアリフター（図8-5-1、図8-5-2）は極めて有用な手段となる。

これは、リフターの中に空気を注入することによって対象物を浮揚させるためのもので、その重量に応じて使い分ける。スクーバ隊で多く活用されているのは、浮揚能力が20〜50kg程度のものであるが、中には水没車両や大型の重量物を浮揚させることを目的とし、500〜1,000kgタイプのものを所有している部隊もある。

通常、当該用具は、重量物を浮揚させることを目的に使用されるが、著者は、遺体を浮揚させる場合にも極めて有効に活用できることを確認した。その場合は、遺体の両脇をウエイトを外したウエイトベルトで捕縛し、それに20kgタイプのアクアリフターを直に取

第8章　潜水活動における有用な用具や機器

図8-5-1　アクアリフター　　図8-5-2　アクアリフター使用時

り付けるようにする。同様に、青森県警では、後述する「遺体収容ネット」を使用する際に、50kgタイプのアクアリフターを併用することにより、効果的な収容活動を行っている。

2　水没車両回収装置

水没車両を浮揚・回収するために開発された水没車両回収装置「エンクローズド・フローテーションバッグ」（図8-6-1、図8-6-2）と呼ばれるものもある。これは、通常2個を1セットとして車体の前後に取り付けて使用するが、注入するガス量が多いため、それぞれの本体に給気用のボンベ（10L）が備え付けられている。

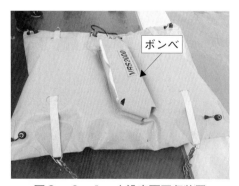 

図8-6-1　水没車両回収装置　　図8-6-2　水没車両回収装置の使用状況
（シープレックスK.K.カタログから引用）

第2　作業効率を向上させるためのもの

3　石材クランプ

　石材クランプ（図8－7－1）は、本来、墓石のような角張った石材を運ぶための用具であるが、スクーバ隊員が証拠品となる金庫や自動販売機（自販機）のような角張った重量物を水中で移動したり、持ち上げたりする場合にも活用することができる。

　当該用具の使用法は、本体を対象物の上に載せ、その後、ストッパーを解除しながら取っ手を引き上げる。すると、図8－7－2のように、アームが対象物を締め込むような形になり、保持することができる。

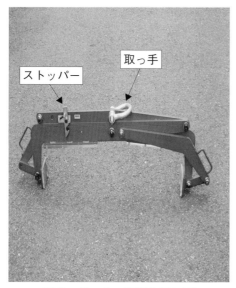
図8－7－1　石材クランプ

図8－7－2　石材クランプの使用時

　通常は、クレーンのフックを直接取っ手に掛けて使用するが、水中で、クレーンのワイヤーが届かない場所で使用する場合は、取っ手にアクアリフターを取り付けて使用するようにする。アクアリフターに給気することにより、クレーンでの吊り上げと同様の効果が期待できる。

　なお、アームには滑り止めがないので、重量物を水底からわずかに引き上げ、その間に後述するモッコやスリングベルト等を置き、それを保持して引き上げるようにし、水中からクランプで保持したまま直に引き上げるようなことは避けるべきである。

4　ドラムリフター

　ドラムリフター（図8－8）は、ドラム缶を吊り下げて移動する場合に使用する用具で、同様の目的で使用するものにドラムハンガーといったものが市販されている。これらのものは、共に荷重が500～1,000kgであるため、円形の重量物で、ドラム缶のように上部又は下部に出っ張りのある対象物を移動させたり、浮上させたりする場合に活用できる

第8章　潜水活動における有用な用具や機器

と思われる。

なお、当該用具を使用する場合は、上部の取っ手部分に直接クレーンのフックを掛けるが、陸域から離れた場所から陸域近くに移動する場合は、アクアリフターを併用するとよい。

5　回収用ネット

遺体収容ネットは、外部から遺体が見えないようにすることに加え、腐乱した遺体が落ち出さないように、というコンセプトに基づいて長野県警の機動隊員が考案したものである（図8-9-1：文部科学大臣賞受賞）。その後、あらゆる形状の遺体に対応できるように考案された

図8-8　ドラムリフター

もの（図8-9-2、図8-9-3：青森県警）や、遺体のみならず、大型の金庫や自販機のような大型のものまで回収することを可能にしたもの（図8-9-4～図8-9-6：長崎県警）などがある。

なお、青森県警の場合は、必ずアクアリフターを併用している。

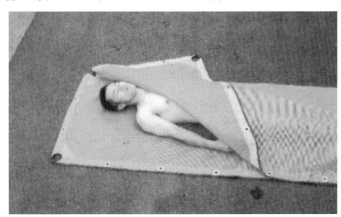

図8-9-1　遺体収容ネット

図8-9-2　遺体収容ネット

図8-9-3　遺体収容ネット使用例

第2　作業効率を向上させるためのもの

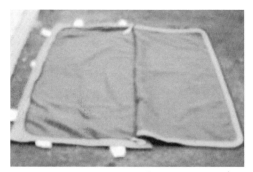

図8−9−4　回収用ネット

図8−9−5　回収用ネット使用例

図8−9−6　回収用ネット使用例

6　モッコ

当該用具は、資材を運搬する際に使用されるもので、様々な素材（ロープ、ワイヤー、シートなど）でできたものがあり、それぞれの用途に応じて使い分ける。中でもロープモッコは、ワイヤーモッコに比べて軽量で、シートモッコに比べて破れる心配がないので、金庫や自販機等のような大型で角張ったものを回収するのに適している。

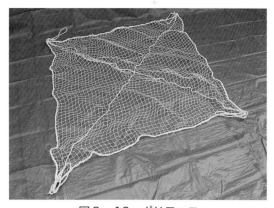

図8−10　ポリモッコ

図8−10は、ポリエチレン製ロープでできたポリモッコと呼ばれるもので、軽量で収納が便利であるため、スクーバ隊員が使用するのに適していると思われる。

なお、当該モッコを使用して水中で重量物を運搬する場合は、アクアリフターを併用するとよい。

第8章　潜水活動における有用な用具や機器

7　フローティングストレッチャー

　当該用具（図8-11）は、水難現場において、不明者を確保して収容する場合などに広く使用されている。一般的には、本ストレッチャーに収容した不明者をそれに取り付けられたベルトで捕縛し、その上に毛布などを被せて収容する。しかしながら、そのような手順で行うと、水面近くで毛布が波にあおられて外れてしまうことや、水に濡れた毛布の重みにより予想外に作業に手間取ることが予測される。また、腐乱した遺体や損傷の激しい遺体を収容する場合は、ベルトで捕縛するだけでは遺体の一部を失ってしまうなどの問題が発生する可能性がある。そのような場合を想定し、当該用具を使用する場合は、あらかじめ本体を覆うようなネットを取り付けるようにしておくことが望まれる。

図8-11　フローティングストレッチャー

8　網担架

　網担架は、水切れがよいことから、遺体を収容する際に好んで活用されている用具の一つである。従来のものは、それ自体に覆いとなるものが取り付けられていないため、収容した遺体を覆い隠すために毛布などを併用して使用されることが多いが、その場合は、水分を吸収した毛布ごと本体を船上に揚収するために、かなりの労力を要することになる。

　そのため、図8-12-1に示すように、本体周辺に浮体を取り付け、収容した遺体をその場で船上に揚収することなく、本体を舷側に保持したまま陸域近くまで牽引するような手法も取られている。

　また、近年は、それに改良を加えたものや、独自に製作したものが使用されている。図8-12-2は、某県警が活用しているもので、網担架の上部にファスナー付きのシートを取り付けたものである。図8-12-3は、別の県警が活用しているもので、網担架を覆い隠すための黒いメッシュ状のカバーを取り付けてある。

第2　作業効率を向上させるためのもの

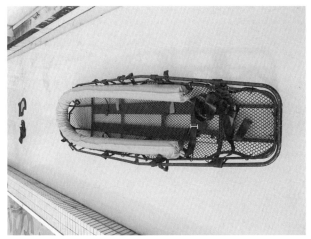

図8-12-1　浮体を取り付けたタイプ

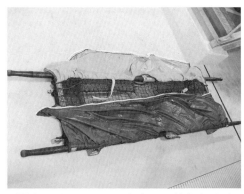

図8-12-2　シートカバー付きタイプ

図8-12-3　メッシュカバー付きタイプ

なお、最もシンプルで安価なものは、両側に太めの竹を活用したものがあり、このタイプのものを使用すると、遺体を巻き込むようにして収容することができる。

9　水中金属探知機

水中金属探知機（図8-13）は、透明度が低い水中において、金属製の対象物を捜索する場合に活用されるが、様々な金属に反応するため、金属製の投棄物の多い河川や湖沼では有効に活用できない場合が多い。

しかしながら、障害物の少ない場所や透明度が高い場所で小物の証拠品等を捜索する場合は有用である。また、透明度が低く、比較的水域の浅い場所で水没車両を捜索する場合は、船上若しくは水面から当該用具を使用することも可能である。

第8章　潜水活動における有用な用具や機器

図8-13　水中金属探知機

10　棒状永久磁石

　図8-14-1は、滋賀県警機動隊が所有する全長60cm（磁石部45cm）、重量約5kg、張力約8kgの大型の磁石（特注品）である。これは、主に水没した車両や大型の金属製の対象物などを捜索する場合に使用されているが、中が空洞になっていて、軸を中心にして回転することができるので、小型の金属製の対象物の捜索や回収にも有効に活用することができるという。

　これに対し、市販されている棒状磁石は、小型で軽量であるため、単体で捜索に使用するには軽過ぎて使いづらい。そのため、図8-14-2に示すように、磁石に結んだロープに重りを通すことで使いやすくなり、もう一方のロープの端に浮体（フロートマーカー）を取り付けることにより、金属製の対象物の位置表示に活用することができる。

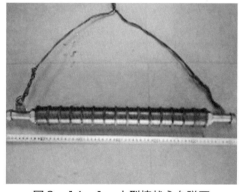

図8-14-1　大型棒状永久磁石

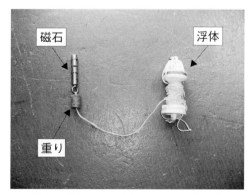

図8-14-2　小型棒状磁石と浮体

第3 その他

　前記の用具は、スクーバ隊が潜水活動を行う場合に活用されるものであるが、それ以外にも有用に活用できる用具や機器がある。

1　スバリ

　これは、水没した遺体を「引っかけて引き上げるための用具」で、捜索現場においてしばしば活用されている。これを使用するのは、潜水での捜索活動が困難な場合や、捜索範囲が広範な場合、潜水捜索とは別の場所で捜索を行う場合などである。

　スバリには、小型の1本スバリや3本スバリがあり、これらは共に先端がかぎ状になっている（図8－15－1）。また、大型で小型船舶のいかりの形状をしたもの（図8－15－2）等があるが、近年、某機動隊では、前記に示した大型のスバリを活用することにより、多くの不明者を収容したとの報告がある。

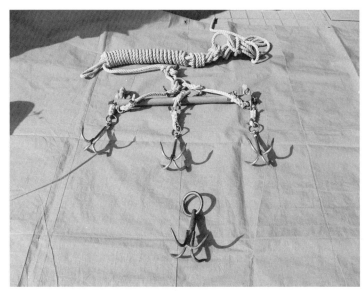

図8－15－1　スバリ（上：3本スバリ、下：1本スバリ）

第8章　潜水活動における有用な用具や機器

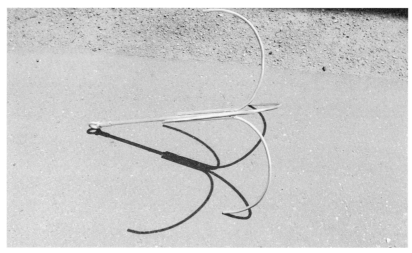

図8-15-2　スバリ（大型：いかり型）

2　遠隔操作無人探査機（ROV）

ROV（図8-16）は、陸上に設置されたモニターを通して水底の様子を観察できるため、近年、捜索現場で活用される機会が多くなりつつある。

図8-16　ROV

本来は、本装置を用いて直に対象物を発見することを期待して使用しているが、なかなか期待どおりにはならない。それは、一般的な物には「位置表示装置」が付いていないので、本体の現在地を知ることが困難なために、目標地点に誘導するのが難しいからである。さらに、透明度の低い水域や流れの強い水域では、光量や推力の面からほとんど活用することはできない。

そのような理由で、透明度が高く、流れの弱い水域において、あらかじめ目標地点を定めることなく漠然と水底の様子を知るといった目的で使用する場合は、活用することが可能であり、成果も期待できる。

3　音響測深機

水中はほとんど電波が通らないので、そこでは電波の代わりに音波を使用する。音波を使用する装置の中で最も馴染みのあるものは、魚群探知機であるが、これは船体に取り付けた音波の発信装置から1本の音波（単ビーム）を発信させて、魚群を見つけ出すために開発された装置である。その際、補足的に海底の状況が表示されるので、水底に存在する車両等を見出すために活用することもあるようだが、魚群探知機は単ビームの装置であるために、それを映し出すことは極めて困難であるといわれる。

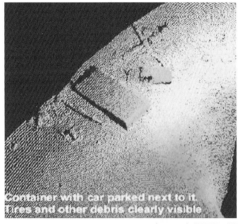

図8-17　マルチ・ナロービーム音響測深機で得られた映像
（写真提供　株式会社　東陽テクニカ）

そのような場合は、扇形に90～150度の角度で複数のビームを発信することができ、海底地形図などを作成する場合に使用されるマルチ・ナロービーム音響測深機を使用すると、かなり大きな成果が期待できる。図8-17は、それによって得られた海底地形の映像であるが、そこに存在する水没車両などがかなり鮮明に映し出されている。

4　音響カメラ

音響カメラは、前記の音響測深機と同様の原理で作られており、音響で映像を映し出す装置である。これには、カメラをダイバーのマスクの上に取り付ける移動式タイプのもの（図8-18-1）と、水中に設置する固定式タイプ（図8-18-2）がある。

第8章　潜水活動における有用な用具や機器

図8-18-1
移動式音響カメラ

図8-18-2　固定式音響カメラ

（写真提供：株式会社東陽テクニカ）

　本装置の本来の目的は、テロ対策用に開発されたものであるため、視界の悪い水中でさえ、図8-18-3のようにダイバーが泳ぐ姿などをかなり鮮明に映し出すことができる。

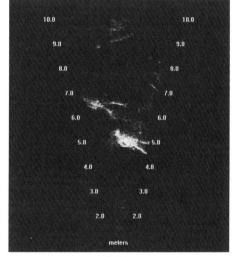

図8-18-3　音響カメラで得られた映像

（写真提供：株式会社東陽テクニカ）

〈参考文献〉

1　海洋研究開発機構　海洋工学センター（2008）『改訂第4版　スクーバ隊員のための捜索マニュアル』海洋研究開発機構.
2　海洋研究開発機構　海洋工学センター（2004）『潜水研修テキスト』海洋研究開発機構.
3　中央労働災害防止協会（2015）『潜水士テキスト―送気調節業務特別教育用テキスト』中央労働災害防止協会.

第 9 章

溺死と水中死体

　水難事故や入水による水死体は、ほとんどの場合、「溺死」によるものである。一般的に「溺死」は、溺れ等により肺内に水が浸入するために起こる窒息死であると定義されるが、近年、肺内にほとんど水が浸入していないにもかかわらず、溺死に至るケースがあることが明らかとなっている。

第 1　溺死の種類

1　湿性溺死（wet drowning）

　これは、溺れなどにより、肺内に液体（主に水）を吸い込むことによって起こる窒息死であり、溺死といえば一般的にこれを指す。事故に伴う湿性溺死は、通常、パニックを伴うのが特徴である。

2　乾性溺死（dry drowning）

　この溺死は、湿性溺死とは異なり、肺内に僅かな液体（主に水）しか浸入しないにもかかわらず起こる溺死である。溺死の約1割が乾性溺死であるといわれるが、これまでは急性心不全として取り扱われてきた例が少なくないようである。その多くは水泳中に発生するが、まれに潜水中（訓練中を含む。）に発生することもある。この溺死の特徴は、ほとんどの場合、パニックを伴わない（ノーパニック）で水没するため、周囲の者たちが気づかないことが多い。ノーパニックによる乾性溺死は、次のような状況下で発生すると考えられる。

(1) 素潜りの前の過換気によって起こる低酸素症（P47参照）

　　素潜りを行う前に水面で何度か深呼吸を繰り返し、呼吸を整えてから潜ると、そうでない場合に比べて長く潜ることができるが、これは深呼吸により、より多くの炭酸ガスを排泄するために、苦しくなるまでの時間を長引かせることができるからである。しか

しながら、そのときに過換気（速くて深い呼吸）をし過ぎると、苦しくなる前に低酸素症により意識喪失に陥ることがある。

(2) **気管内吸引によって起こる心臓抑制反射**[*1]

気管内誤吸引があった場合、それが原因で迷走神経[*2]を介して心臓抑制反射が起こり、その結果、急激に血圧が低下して意識喪失に陥ることがある。その後、心拍と呼吸が回復することがあるようだが、そこが水中である場合には溺れてしまうことがある。

(3) **誤飲水によって起こる喉頭痙攣**

誤飲水などにより、喉頭粘膜が刺激されることによって、喉頭痙攣が起きて気道が閉塞し、呼吸ができなくなって窒息することがある。

(4) **気管内吸引によって起こる循環機能障害**

肺内に入った僅かな水が血管内に浸入して血中の電解質バランスを崩し、それにより、心室細動（痙攣状の心臓の動き）を引き起こし、死に至ることがある。

(5) **気管内吸引によって起こる錐体内出血**

誤飲水により耳管内に浸入した水によって、繰り返し咳き込むことにより、ピストン状に作用して錐体内出血を引き起こし、その結果、錐体内にある平衡感覚に異常を来して溺水し、死に至ることがある。

前記のうち、(5)に関しては、錐体内出血により平衡感覚異常が起きたとしても、必ずしも意識喪失を起こすわけではなく、ノーパニックの場合には必ず意識喪失があるはずだとする意見もある。さらに、誤飲水以外でも錐体内出血が起こることも指摘されている。

このようにして起きるノーパニックによる溺死事故は、事前に予知することは不可能であるといっても過言ではない。しかしながら、水没してから死に至るまでには、多くの場合、多少の時間的猶予がある。したがって、ノーパニックによる溺死事故を未然に防止するためには、当該トラブルに関する知識を有する隊員を監視員として配備し、十分な監視体制を敷くことはもちろんのこと、万一、事故が発生した場合は、不明者を直ちに水中から引き上げ、適切な処置をすることが肝要である。

第2 潜水事故と溺死

潜水死亡事故の原因の中で、最も多いのは溺死である。水中又は水面で事故やトラブルが発生した場合は、パニック状態に陥り、溺水することが多いが、それを回避できるか否

[*1] 心臓の動きが抑制される反応
[*2] 脳神経の一つで、心拍の調節などをつかさどる。

かは、逃げ場（つかまる所や背の立つ所）を確保できるか否かにかかっているといっても過言ではない。トラブルや事故の発生からどのようにして溺死するのかという経緯については、「第5章　潜水事故」で触れることにする。

第3　溺死体

　溺死した直後の死体は、多くの場合、水没した状態で存在するが、反面、20～30％の溺死体は、死亡した直後に浮いた状態であるといわれる。水没するか否かは、死体の肺の中に存在する空気の量や衣類の種類等によると考えられるが、水没した死体であっても、日にちが経つにつれて浮揚することが知られている。

1　溺死の様相

　溺死は、水の存在する場所であれば、次のような状況において様々な場所で発生する。

○海洋、河川及び湖沼などにおける溺水による溺死
○酩酊（めいてい）、心臓発作又は意識喪失などによって起こる入浴中の溺死
○転倒による意識喪失や、酩酊による寝込みなどによって起こる側溝や水たまりなどでの溺死
○乳幼児の水遊びや転倒などによる簡易プールなどでの溺死

　潜水事故による溺死は、多くの場合、背丈以上の場所で発生することが多いが、一方、それ以外の溺死は、数10cm程度の場所でさえ発生することがある。

2　溺死の原因

　溺死は、自殺、自過失（事故を含む。）、他殺など、様々な原因により生じるが、自殺の場合は、明らかな動機や遺書、それに目撃情報が存在することにより、それであることが明らかになる。一方、事故の場合は、信頼できる目撃情報さえ得られれば、比較的容易にそれと断定することができるが、そうでない場合は、他殺ということも考慮しなければならない。
　特に、不意に突き落とされたような他殺の場合は、自殺や自過失と間違えることなく判定することは極めて難しいとされる。

3　外部所見

　溺死体の外部所見に関しては、次のような特徴がある。

○体温は著しく低下し、長時間水中にとどまった後に発見された場合は、周囲の水温と同程度になっている。
○死後間もない場合の皮膚の色は蒼白であるが、時間が経過すると、死斑は赤色調や青褐色のような色調を示すことが多い。
○鳥肌がみられることがあるが、これは生活反応[*3]ではない。
○手掌(しゅしょう)面や足底が漂母皮を形成し、さらに時間が経過すると蝉脱状になるが、これらは生活反応ではない。
○死後間もない場合は、口及び鼻から白色最小粉末を出している。これは生活反応であり、生体が水中に入ったことを示す極めて重要な所見である。

第4　水中死体

1　死体の重量

　水中に存在する死体の重量は、浮力の作用により、空中重量に比べて軽いにも関わらず、収容にあたったスクーバ隊員の多くは、水中死体の重量があまりにも重いといった錯覚にとらわれることがしばしばあるようだ。これは、死体を抱えながら、又は引っ張りながら水面まで泳がなければならないといった労力や情緒的な不安に加え、硬直した死体が受ける流れなどによる抵抗によるものである。実際の水中死体の水中重量は、空中重量の1／10程度であるといわれるが、着衣の種類などによっても異なることが予測される。中でも、ウエットスーツを着用して長時間水中にとどまった死体は、最も重いといわれる。

2　水中での移動

　水中死体が水底に完全に沈んでいる場合、水底の流れが緩やかな場合は、水没地点の近く（半径約10〜20m）で発見されることが多い。一方、水底の流れが激しい場所では、水中死体はさらに遠くに移動すると思われがちであるが、そのようなときでさえ、水底の障害物（岩や枯れ木など）や淀み、それに流れに対する水中死体の向きなどにより、移動する距離が比較的短いこともある。まれに数百m、数km先という遠距離で死体が発見されることがあるが、それは水底に完全に沈んだ状態で流されたというよりも、むしろ、不明者が水没していく過程で表層又は中層の速い流れの影響を受けたときであると考えられる。そのような場合は、数日後に腐乱して水面に浮上した状態で発見されることが多い。

[*3]　生体が生きていたときのみにみられる反応で、警察用語として常用されている。

その一方で、不明者が岩の隙間や水中に存在する障害物の隙間などに挟まってしまった場合は、浮上しないこともある。

3 死後の変化

　水中死体は、時間の経過に伴って変化するが、変化する状況は、水温、水底の流れや障害物の存在、当該水域に生息する生物の存在などにより影響を受ける。中でも、最も影響を与えるのは水温で、水温の高い水域では腐敗や分解する速度が速まり、死体の様態を著しく変化させる。

(1) 自己消化と腐敗

　死後の腐敗や分解は、自己消化と腐敗という2つのプロセスに基づいて生じる。この2つのプロセスは、死後の体内でほぼ同様に進行するが、その作用のメカニズムは全く異なっている。生体の消化管には様々な酵素が分泌されるが、特に胃では、強烈な酸が分泌されるため、胃内壁から粘液が分泌されて胃壁を酸から守っている。しかし、死亡した体内では、この粘液の分泌が停止された後も、一定時間、消化酵素が反応し続けるため、防護手段を失った消化管壁が酸又はアルカリの消化酵素によって侵され、最終的に消化器官の組織を分解し、溶解していく。これが自己消化であり、全身の腐敗より早く起こる。

　なお、自己消化は、腹腔だけではなく肺腔にも起こるが、肺腔の場合は、断末魔のあえぎの段階で、胃の内容物が肺内に侵入するために起こるといわれる。

(2) 腐敗速度

　水中死体は、空気中に比べて腐敗速度が1／2（たとえば、空気中で腐敗するのに3日かかれば、水中では6日かかる：カルペスの法則）といわれるが、水温が高ければ腐敗速度は促進される。

(3) 腐敗に影響を与える因子

　これには、表9−1のようなものがある。

表9−1　腐敗に影響を与える因子

温度	水温と共に、腐敗速度に最も大きな影響を与える。気温や水温が高い場合は、腐敗速度が促進される。
体型	肥満体は脂肪分が多いために、腐敗速度を加速する。
健康	細菌による感染症を患うと、腐敗速度を加速する。
環境	汚れて淀んだ水域は、腐敗速度を加速する。
通気	通気のよい場所では腐敗速度が速く、通気の悪い場所では遅くなる。

4 死体の浮上

水中に沈んでいる死体の多くは、死後の腐敗により、体内で発生するガス（炭酸ガス、硫化水素、アンモニアなど）の作用によって浮上する。浮上するまでの日数は、季節（水温や気温）、それに死体の体型などによって異なるが、それには、腐敗速度が大きく関与する。水深7m以浅における水温と水中死体の浮上日数との関連を表9-2に示す。

表9-2　水温と水中死体の浮上日数との関係

水温	浮上日数
10℃	14日
15℃	7日
20℃	4日
25℃	2日

水中死体は2度浮上するといわれるが、1回目に浮上するのを一次浮上、2回目に浮上するのを二次浮上と呼ぶ。前記の日数は一次浮上を示す数字である。

(1) 一次浮上

水没した死体は、前記の自己消化により腐敗が起こり、その結果、ガスを発生するために数日から数十日後に浮上する。これが一次浮上である。一次浮上を引き起こす主要な原因は、溺死者が死の直前に摂った食事の成分とその量に由来するといわれ、炭水化物が多い食事を多量に摂ると、二酸化炭素の発生する量が増えて浮上を促進する。当然のことながら、水温の影響も大きく関与する。

なお、一次浮上では消化管内に多量のガスが存在するために、多くの死体は腹部が膨張し、あたかも肥満しているように見える。

(2) 二次浮上

一次浮上の後、消化管内からガスが抜けることによって死体が沈み、再度浮上するのが二次浮上である。二次浮上は、組織全体の腐敗によって起こるため、体全体が膨張しているのが特徴である。

5 浮上しない死体

多くの水中死体は浮上するが、水中にある障害物の間に押し込まれるような状態で挟まってしまった場合は、浮上するのが困難になると思われるが、それ以外にも表9-3のような条件により、水中死体は浮上しないと考えられている。

表9－3　水中死体が浮上しない場合の条件

水温が4℃以下の場合	腐敗しないため。仮に腐敗したとしても、多量のガスを発するほどの腐敗が起きないためと考えられる。
水深が30m以深の場合	水温が低く腐敗しにくいことに加え、腐敗によって発生したガスが水圧によって圧縮されるためと考えられる。
自身の体重と同等又はそれよりも重い重りを身に着けた場合	腐敗によって発生したガスの浮力よりも重力が勝るためと考えられる。

〈参考文献〉

1　青木康博（2013）『法病理学講座ノート　水中死体』名古屋市立大学医学部法医学教室、Homepage（www.med.nagoya-cu.ac.jp）（2014年1月現在）

2　上野正彦（1989）『錐体内出血―法医学の立場から：溺水のメカニズムと予防』臨床スポーツ医学（7）、文光堂.

3　海洋研究開発機構　海洋工学センター（2008）『改訂第4版　スクーバ隊員のための捜索マニュアル』海洋研究開発機構.

4　海洋研究開発機構　普及・広報課（2004）『潜水研修テキスト』海洋研究開発機構.

5　Cpl.Robert G, (Bob) Teather C.V.（1994）『*ENCYCLOPEDIA UNDERWATER INVESTIGATION*』Best Publishing Company.

6　鈴木康夫（1989）『気管内吸水：溺水のメカニズムと予防』臨床スポーツ医学（7）、文光堂.

7　渡辺博司、齋藤一之（2010）『新訂：死体の視かた』東京法令出版.

第10章

Q1 潜水研修を行う場合、研修生に潜水士免許が必要ですか?

A1 結論としては、潜水研修に潜水士免許は必須ではないと考えられるが、現場で潜水活動を行う場合は、必ず潜水士免許を取得していなければならないため、事前に免許を取得してから潜水研修に臨むようにした方が無難であるといえる。

「潜水研修を受講する研修生がスクーバ器材を使用する場合、あらかじめ潜水士免許を取得していなければならないか」という問題について、著者自身が疑問に思い、潜水研修という文言で弁護士や監督官庁に質問を行った。その結果、「もたなくてもよい」、「もつべきであろう」というように見解の異なる回答が得られた。

「潜水士テキスト」の高気圧作業安全衛生規則(以下「高圧則」という。)の中で、労働安全衛生法施行令第20条(就業制限に係る業務)第9号に「潜水業務」とは、「潜水器を用い、かつ、空気圧縮機若しくは手押しポンプによる送気又はボンベからの給気を受けて、水中において行う業務」と規定されている。これは潜水深度に関係なく、素潜り以外、すなわち高圧の空気を呼吸して潜水する場合は全て潜水業務の範疇に入ることを意味している。

次いで、「潜水士」に関しては、高圧則第12条に「事業者は、潜水士免許を受けた者でなければ、潜水業務につかせてはならない。」とある。これは、各機関に所属するスクーバ隊員が潜水による捜索活動をする場合は、「潜水士免許」をもっていなければならないということをうたった文言であると解釈される。

ところが、そこで問題となるのは、各所属で行われる新隊員訓練などで潜水士免許を取得していない隊員に対してスクーバ潜水を行わせることが違法であるか、ということである。

これまで確認した中では、「潜水士免許を取得していない隊員に対しては、それを取得

するまではスクーバ潜水は一切行わせていない。」という話が多く聞かれ、現在、全国の機動隊では、警察庁からの通達を受け、前記のことを遵守している。したがって、潜水士免許をもたない隊員に対しては、免許を取得するまでの間、3点セットのみの訓練を実施させている。その一方で、消防などでは、「3点セットでの訓練をある程度修了した時点でスクーバ潜水を行わせている。」といった隊も存在するようである。

そこで、著者は、かつて厚生労働省（以下「厚労省」という。）の関連部署に対し、「潜水研修の受講者は、あらかじめ潜水士免許を取得していなければならないか」という質問を投げかけたことがある。その結果、数日後に当時の担当者から、「あらかじめ取得させた方がよいでしょう」という曖昧な回答が得られたものの、取得させていなければならない、という断定的な言葉を聞くことはなかった。その際、当時著者が在籍していた海洋研究開発機構（以下「機構」という。）では、潜水士免許を取るために必要な講義と並行して、スクーバ潜水の実技を行っていることを告げたところ、「それならば問題ないのではないでしょうか」という意見が聞かれた。

その直後（平成16年）、当時の機構の顧問弁護士に対し、次のような**質問状**を提出したところ、書面による回答（**回答１**）を得られたので、ここに紹介する。

（質問状）

> 当機構では、潜水救助活動に関わる警察官や消防士に対し、昭和57年度より潜水技術研修を実施していますが、これに参加する受講生たちは必ずしも潜水士免許をもった者ばかりではなく、本研修において技術、知識を習得し、その後、潜水士免許を取得する者もいます。このたび、下記の省令、施行令の存在と研修との関連について、法令の解釈についてのご意見をお聞かせください。
> 1　受講生は警察や消防からの業務命令（出張命令）を受け、（ボンベからの給気を受け）研修を受けています。事件現場等で捜索活動に従事する場合には、潜水士免許を取得した者でなければならないことは論をまたないと思いますが、そこで必要な技術を習得するための潜水研修（教育）は、高気圧作業安全衛生規則第20条の「潜水業務」に該当するのでしょうか。
> 2　1において、もし該当するとした場合、潜水研修を受けるのに、受講者はあらかじめ潜水士免許を取得する必要があるのでしょうか。
> 3　潜水漁業者のように、自身が事業主のような形で、他の事業者に雇われることなく業務を行う場合、潜水士の免許証を取得する必要はないのでしょうか。

第10章　Q&A

(回答1)

> 1　潜水のための必要な技術を習得するための「潜水研修」は、労働安全衛生法施行令第20条第9項や高気圧作業安全衛生規則第12条等にいう「潜水業務」には該当しない。これらを規定する「業務」は潜水者がその判断に基づき主体的に行うものを指していると解される。したがって、潜水のための研修はこれに該当しない。
> 2　潜水漁業は高気圧作業であるから、事業者自身が潜水業務を行うときでも潜水士の免許証を有することが必要であると考えるのが必然的帰結である。しかしながら、規則は労働者の立場から免許を有するものでなければ業務に従事させることができないという規定の仕方をしているのみであるから、労働者以外の者が「業務」に従事するときは免許は必要ではないと解するほかない。
>
> 　つまり、とりわけ事業者自身の潜水はその場合も少なくなく、内容的にもいろいろな態様等があり、一般法をもって労働者と同じく免許を必要とする規定を設けるわけにはいかないと考え、事業者の自律に任せたものと思われる。

　しかし、当時の監督官庁からの回答が曖昧であったため、平成23年になって、再度、厚労省の関連部署と最寄りの労働基準監督署(以下「労基署」という。)に対し、「潜水研修を行う場合の潜水士免許の必要性」について問い合わせを行った。

　その結果、厚労省からは、数日後に以前と同じような回答が寄せられた。一方、労基署からは、「研修中に、万一事故等が発生した場合は、労働災害(労災)の対象となるので、あらかじめ免許は取得させておくべきでしょう」という回答が得られた。

　そこで、平成24年になって、以前と異なる機構の顧問弁護士に対し、以前とほぼ同様(1・2のみ)の質問を投げかけたところ、**回答2**が得られた。

(回答2)

> ○水難救助に関わる潜水研修も業務である。潜水士免許を有するインストラクターの指揮・監督に基づいて行っていたとしても、「潜水業務に従事している」と判断される可能性がある。
> ○文言上の解釈だけをしてしまうと、潜水士免許を有しない者が、潜水研修の受講に伴い潜水業務に従事するというのは、最低限の安全性が担保されていない、といえるのではないか。
> ○運転免許等については実技はあるものの、そのための法令や制度・許認可に基づくものであるからこそできるのであって、制度やルールが何もない中、潜水士免許を有しない者が潜水業務を行っているのは問題であるように思える。

> ○機構としては、ペーパー試験である潜水士免許を取得し、最低限の安全に係わる知識等を身に付けた者に対し、実技の研修を行っている、という位置づけにすれば問題ないと思う。
> ○私自身も本件に係わる専門家ではないので、実務上の取扱いについては、監督官庁に問い合わせていただいた方がいいように思う。

これらの回答の中で特に注視したいのは、弁護士の見解が分かれたことである。

最初に回答を寄せた弁護士は、「「業務」は潜水者がその判断に基づき主体的に行うものを指していると解されるため、潜水研修を受ける場合は、免許を取得しておく必要はない。」としているのに対し、後の弁護士は、「潜水研修も業務であるので、免許は取得しておくべきである。」としながらも、最終的には「監督官庁」への問い合わせを促している。

それを受けて、平成25年3月7日に、機構の職員が横須賀の労基署に足を運び、専門官に対し、再度この問題について確認したところ、**回答3**が得られた。

(回答3)

> ○潜水研修は潜水業務ではない。
> ○潜水士免許は不要。
> ○3については、現在、個人事業主であっても潜水士免許は必要。

このように、本件に関しては、弁護士や監督官庁の職員によっても見解が分かれるため、我々素人が判断するには極めて難しい問題であるといえる。

中でも、最初に回答が得られた弁護士（**回答1**）や労基署の新たな専門官（**回答3**）は、「潜水研修は業務ではない。それゆえ免許を持たなくてもよい。」と断言しているのに対し、その他の回答は曖昧であったことが大きな相違点であるといえる。

なお、前記の**質問状**では、「研修」という文言を使用しているため、「訓練」とは解釈が異なる可能性があることを付記する。

いずれにせよ、現場で潜水活動を行う場合は、必ず潜水士免許を取得していなければならないということからすると、事前に免許を取得してからスクーバ訓練に臨むようにした方が無難であるといえる。要は免許をいつ取得するかの問題である。

Q2 ウエットスーツを着用し、ウエイトを着けない状態で水没することはありますか？

A2
通常、ウエットスーツにはかなりの浮力があるために、ウエイトベルトを装着しない限り、水没するということは考えにくいが、次の条件が重なれば、その可能性は皆無ではない。

1. 製造されてから長い年月を経過したものを使用した場合。年月が経過すると、素材の劣化により、浮力や保温性が極度に失われる。これには、使用頻度や保存状態なども関与する。
2. 薄い生地のものを使用した場合。一般的に使用されるものは、厚さが5mmのものであるが、それよりも生地が薄くなれば、浮力や保温力が低下する。
3. 半袖タイプのものを使用した場合。使用されている生地の量が少ないため、長袖タイプのものに比べて、浮力や保温力が低下する。
4. やせ型や筋肉質の人の場合。これらの人は、体脂肪が少ないために、浮力が小さく浮きにくい。特に、筋肉質の人は、筋肉自体の重さにより沈みやすくなる。

Q3 ドライスーツを着用し、ウエイトを着けない状態で水没することはありますか？

A3
通常、多くの部隊で所有するドライスーツは、寒冷対策用であるため、使用されている生地は、ウエットスーツとほぼ同様のものである。また、生地の厚さは5mm以上で、しかも、スーツの内部には空気が存在するために、ウエイトベルトを装着しない状態で水没することはあり得ない。しかしながら、次の条件が重なれば、その可能性は皆無ではない。

1. 薄手の素材で作られたものを使用した場合。機動性を重視して作られた薄手のゴムやナイロンを素材としたタイプのものを使用した場合は、スーツ自体の浮力がとても小さい。そのため、スーツの破損などにより、スーツ内に十分な空気を確保することができなくなったときは、浮力を保持することが困難となる。
2. 前記のスーツを使用した際に、破損などにより、スーツ内部に水が浸入した場合は、インナーが水浸しとなり、それ自体の重量で浮力が激減する。さらに、内部の空気が流出することにより、浮力を保持することは一層困難となる。

Q4 スーツ類の耐用年数はどれくらいですか?

A4 ウエットスーツやドライスーツは、使用頻度、潜水深度*1及び保管状況によって劣化のスピードが異なるために、一概にはいえないが、スクーバ部隊では、おおむね5年程度を目安にすることが望まれる。

職業潜水を行う人たちは、おおむね1年程度で新調しているが、それはスクーバ隊員たちに比べて使用頻度が高く、しかも、潜水深度の深い場所で作業する機会が多いからである。

したがって、スクーバ隊の場合は外見上、特に問題がなければ5年程度を目安にするとよいと思われるが、中には予算上の問題で10年近く経ったものや、外見からも明らかに劣化したスーツ(特にウエットスーツ)を使用しているところもまれに見受けられる。しかしながら、これらのスーツを使用する本来の目的が保温と保護といった面であることを考えると、安全面からみて大きな問題であることを改めて認識すべきである。

Q5 訓練はどの程度まで厳しくするべきですか?

A5 「訓練はどの程度まで厳しく行うべきか」といったことがしばしば話題となるが、それは各人の体力や能力を見極めた上で行うことが肝心である。

潜水(訓練)に対する能力には極めて大きな個人差があるため、与えられた課題を無難にこなす隊員がいる一方、それに限界を感じる隊員がいるかもしれないということを、指揮官及び指導員は常に認識しておかなければならない。それは、彼らの訓練中の行動を注意深く観察することにより認識できるはずである。

彼らが訓練に限界を感じた場合は、あえぎながら、「スノーケルやレギュレーターを口から外す」、「頻繁にプールサイドにつかまる」、「負荷となるウエイトなどを放す」といった行動をとる。これらは典型的なパニック行動であるので、決して見逃したり、無視したりしてはならない。その場合は、酸欠(低酸素症)に陥る可能性が極めて高くなっているため、そのまま訓練を続行させることは極めて危険な事態を招くことになる。そのようなときは、直ちにプールサイドに引き上げ、休息をさせるようにし、その後の訓練に関しては本人の意思や状態を確認した上で判断すべきである。

そもそも、潜水の基礎となるのは、「息こらえ(呼吸法を含む。)」と「フィンキック」であるが、前記のようなパニック行動をとる隊員たちに共通していることは、「息こらえが続かない」、「思いどおりの呼吸ができない」、それに「フィンキックがうまくできない」

---

*1 深い場所で繰り返し潜水を行うと、スーツの生地が常に大きな圧力変化を受けて収縮・拡張を繰り返すために劣化が早くなる。

といったことである。

　したがって、それらを克服させるためには、まず、時間をかけて繰り返し訓練を行い、しっかりした基礎技術を修得させて自信をもたせることである。その後、負荷をかけたり、現場を見据えた（厳しい）内容の訓練を取り入れるようにする。その際、隊員たちに前記のようなパニック行動がみられなければ、「問題なし」と判断して、さらにレベルアップした訓練に移行してもかまわない。ただし、訓練とかけ離れた、「いじめ」と思われる内容を取り入れることは断じて行ってはならない。

　なお、彼らの訓練の上達の度合いは、指揮官（上司）の指導法によっても異なることを忘れてはならない。彼らがノルマを達成できない場合やミスを犯した場合に、指揮官から命令口調で檄が飛ばされたりすると、焦りを募らせ、思いどおりの行動ができなくなるばかりか、能力以上の頑張りをみせることがある。その結果、生命に危険を及ぼす事態に陥ることがあるので、注意しなければならない。

Q6　捜索活動においてROVは有効ですか？

A6　ROVは、船上又は陸上からのリモコン操作により、水底の様子を映像で捉えることができるため、今日では様々な分野で活用されている。

　広く一般に普及しているものは、漠然と広範の水底の様子を観察することには適しているが、ある特定の場所を探り出すといった目的には適していない。それは、位置表示装置が備えられていないため、水中におけるROVの所在が確認できないからである。また、流れによりケーブルが受ける抵抗もROVを操作する上で大きな問題となる。過去に、ROVにより、遺体や証拠品を探し当てたという報告があるが、このようなケースは極めてまれであるともいえる。

　障害物の多い場所でのケーブルの絡みや透明度の低い場所での照度の問題などもあるため、今後、ROVの導入を検討している部隊があるならば、これらのことを参考にするとともに、既に所有している部隊からの意見を参考にすることを薦める。

索 引

あ

アクアブザー ……………………………… 150
アクアリフター …… 141,143,145,146,147,151,
　　　152,153,154,155
網担架 ……………………………… 141,156
暗渠内での潜水 …………………………… 36
遠隔操作無人探査機（ROV）………… 113,160
汚染水域 ……………………… 19,20,30,31,32
音響カメラ ………………………… 161,162
音響測深機 ………………………………… 161

か

海域での潜水 ……………………………… 26
回収用ネット …………………………… 154,155
海面漂流 ………………………………… 56,57
過換気症候群 …… 17,27,44,45,56,58,59,60,76,85,
　　　86,109,110,111
各種捜索法 ………………………………… 127
　横隊捜索法 ……………… 127,130,131,132
　環状（円形）捜索法 …………… 127,132
　基線捜索法 ………… 127,128,130,132,133
　ジャックステイ捜索法 …… 127,128,132,137,
　　　138,139
　ドリフト捜索法 ………………… 127,128
　バディ捜索法 …………………… 127,128
　半円捜索法 ………… 115,127,134,135,136
河川での潜水 ……………………………… 29
活動制限 ………………………………… 17,24

乾性溺死 ………………………………… 163
寒冷 ………… 17,19,20,28,32,33,34,35,99,174
均圧 ……………………………………… 17,18,56
空気消費量 ………… 17,54,60,61,64,65,66,67,68
空気塞栓症 …………………… 8,50,51,59,60
警戒船 …………… 86,87,90,91,93,105,118,124
減圧症 …… 8,17,19,20,21,24,34,50,51,59,60,62,
　　　63,65,97,121,151
現場保存 ………………………………… 140
誤飲水 ……… 27,45,55,56,57,77,78,93,102,164
航空機の回収 …………………………… 146
咬傷 ……………………………………… 56
高所潜水 ………………… 17,21,22,34,35
喉頭痙攣 ………………………………… 164
呼吸法 …………………… 17,22,46,47,49,175
　スクーバ潜水時の呼吸法 ……………… 49
　素潜りの前の呼吸法 ………………… 47
　立ち泳ぎ時の呼吸法 ………………… 49
湖沼や池などでの潜水 …………………… 33
鼓膜穿孔 ………… 7,18,56,57,59,60,79,80,105

さ

索信号 ……… 7,13,14,24,78,90,124,125,129,133,139
湿性溺死 ………………………………… 163
修正時間 ………………………………… 17,19,123
循環機能障害 …………………………… 164
証拠品の回収 ………………………… 9,140,146
心臓抑制反射 …………………………… 164
錐体内出血 …………………………… 164,169

索　引

水中金属探知機……………………157,158
水中拘束…25,32,34,36,55,56,58,77,99,100,101,
　　　　102,105,114,115
水中交話装置………………10,13,14,24,149
水中死体………………163,166,167,168,169
　　一次浮上………………………………168
　　自己消化…………………………167,168
　　死後の変化……………………………167
　　死体の重量……………………………166
　　死体の浮上……………………………168
　　水中での移動…………………………166
　　二次浮上………………………………168
　　浮上しない死体………………………168
　　腐敗…………………………13,167,168,169
　　腐敗速度…………………………167,168
水中スピーカー…………14,15,28,89,90,149
水没した航空機…………………………142
水没した不明者………………5,27,30,123,140
水没車両……140,141,142,143,144,151,152,157,
　　　　161
水没車両回収装置………………………152
水没車両の回収…………………………142
スバリ…………………………33,103,114,159,160
石材クランプ…………………………146,147,153
潜降速度………………………………18,82,105,129
潜水（形態）モード………………………8
　　サーチ（捜索）モード………………8,9
　　リカバリー（回収）モード…………8,9
　　レスキュー（救助）モード……………8
潜水計画……8,12,19,54,60,61,67,68,122,123,151
潜水後の飛行……………………………17,21,97
潜水深度……14,17,18,19,35,54,60,64,65,68,107,
　　　　123,151,170,175

た

ダーティーハリーシステム…………………31
ダイブコンピュータ（ダイコン）…………151
ダイブホーン………………………………151
滝つぼ内での潜水……………………31,36

ダム（ダム湖）での潜水………………34
窒素酔い………………………17,18,54,59,60,68
中耳腔スクイズ………………………17,59
低酸素症……44,47,48,49,55,56,58,59,61,64,66,
　　　　85,86,92,107,163,164,175
溺死体……………………………………165
　　外部所見……………………………165
　　溺死の原因…………………………165
　　溺死の様相…………………………165
　　白色最小粉末………………………166
　　漂母皮………………………………166
手信号……………………13,14,124,125,126
ドライスーツ…6,9,12,19,20,21,23,24,28,31,32,
　　　　54,56,57,59,60,94,101,116,117,142,174,175
　　汚染対策用………………………20,31,32
　　寒冷対策用………………………20,32,174
ドラムリフター………………………153,154

な

波酔い………………………24,27,28,56,57,93
ネックレス…………………………42,57,72,73

は

ハードハットヘルメット……………………20
肺スクイズ……………………………17,21
肺破裂……………………16,17,21,50,59,60,61,63
バディシステム…17,21,83,89,90,102,104,115,
　　　　127,130,140
反復潜水……………………………………151
フィンキック法……………………………46,47
　　水面遊泳時……………………………46
　　立ち泳ぎ時…………………………47,49
浮上速度……………………………17,18,19
不明者の収容……………………………141
フリーフロータイプ………………………20
フルフェイスマスク……………14,20,54,142
フローティングストレッチャー…………156
分時換気量………………………………22,23
棒状永久磁石……………………………158

ま

マーカーブイ …… 13,14,15,28,54,87,88,89,127, 129,148,149
無減圧潜水 ……………………… 17,19,21,123
モッコ ……………………… 146,147,153,155

や

夜間潜水 ……………………… 17,23,24,37,58
有効換気量 ……………………………… 22,23

ら

ラジアルコーティング ………………… 20,32
リザーブバルブ …………… 63,64,65,149,150
リバースブロック ………… 7,17,18,82,86,97

〔著者略歴〕

竹内　久美
たけうち　ひさよし

　昭和21年（1946年）神奈川県横須賀市に生まれる。昭和43年（1968年）東邦大学理学部生物学科卒業後、海上自衛隊横須賀地区病院検査研究課に勤務し、その後、昭和49年（1974年）海洋科学技術センター（現海洋研究開発機構）潜水技術部で潜水生理学の研究員として勤務したのち、平成27年（2015年）よりニッスイマリン工業株式会社日本サバイバルトレーニングセンター顧問に就任し、現在に至る。
　平成6年（1994年）3月から平成28年（2016年）1月の間に全国46都道府県の機動隊で、のべ113回の講演及び講習会を、平成17年（2005年）8月から平成28年2月の間に1道10県の消防でのべ13回の講演及び講習会を実施してきた。その他1道7県の消防学校で講義を行い、平成27年12月現在、3か所の消防学校で継続的に講義を実施している。
　医学博士。

〔イラストレーター〕

　中尾　みなみ
　龍薗　公乃

事例から学ぶ　潜水事故対策
～潜水事故を防ぐために～

平成28年7月10日　初　版　発　行
平成28年8月15日　初版2刷発行

著　者／竹内　久美

発行者／星沢　卓也

発行所／東京法令出版株式会社

112-0002	東京都文京区小石川5丁目17番3号	03(5803)3304
534-0024	大阪市都島区東野田町1丁目17番12号	06(6355)5226
062-0902	札幌市豊平区豊平2条5丁目1番27号	011(822)8811
980-0012	仙台市青葉区錦町1丁目1番10号	022(216)5871
460-0003	名古屋市中区錦1丁目6番34号	052(218)5552
730-0005	広島市中区西白島町11番9号	082(212)0888
810-0011	福岡市中央区高砂2丁目13番22号	092(533)1588
380-8688	長　野　市　南　千　歳　町　1005　番　地	

〔営業〕ＴＥＬ 026(224)5411　ＦＡＸ 026(224)5419
〔編集〕ＴＥＬ 026(224)5412　ＦＡＸ 026(224)5439
http://www.tokyo-horei.co.jp/

Ⓒ Printed in Japan, 2016
　本書の全部又は一部の複写、複製及び磁気又は光記録媒体への入力等は、著作権法上での例外を除き禁じられています。これらの許諾については、当社までご照会ください。
　落丁本・乱丁本は、お取替えいたします。
※　権利者（著作権者・所蔵者）が不明のため、掲載許可手続のとれなかった写真がございます。お気づきの場合は、小社までお知らせください。

ISBN978-4-8090-2410-8